首都民警团体心理辅导手册

北京市公安局警务保障部　编

中国人民公安大学出版社
·北京·

图书在版编目（CIP）数据

首都民警团体心理辅导手册／北京市公安局警务保障部编．—北京：中国人民公安大学出版社，2021.12
　ISBN 978-7-5653-4163-2
　Ⅰ.①首… Ⅱ.①北… Ⅲ.①警察—心理辅导—辅导工作—手册 Ⅳ.①D035.3-62
　中国版本图书馆 CIP 数据核字（2021）第 029896 号

首都民警团体心理辅导手册
北京市公安局警务保障部　编

出版发行：	中国人民公安大学出版社
地　　址：	北京市西城区木樨地南里
邮政编码：	100038
经　　销：	新华书店
印　　刷：	天津盛辉印刷有限公司
版　　次：	2021 年 12 月第 1 版
印　　次：	2024 年 1 月第 2 次
印　　张：	13.25
开　　本：	787 毫米×1092 毫米　1/16
字　　数：	152 千字
书　　号：	ISBN 978-7-5653-4163-2
定　　价：	45.00 元
网　　址：	www.cppsup.com.cn　www.porclub.com.cn
电子邮箱：	zbs@cppsup.com　zbs@cppsu.edu.cn

营销中心电话：010-83903991
读者服务部电话（门市）：010-83903257
警官读者俱乐部电话（网购、邮购）：010-83901775
教材分社电话：010-83903259

本社图书若出现印装质量问题，由本社负责退换
版权所有　侵权必究

首都民警团体心理辅导手册

主　　编：杨大胜　樊富珉
副 主 编：东成刚　李习羽
编　　委：颜　浩　李　维　路玉江　王欣依
　　　　　王建杰　王晓非　王晓蕾　王爱科
　　　　　卢政宁　李丽军　陈　霞　尚舒平
　　　　　周宜阳　段　晶　敖　纲　徐　健
　　　　　徐　蕾　高　云　高建宝　刘　爽
　　　　　崔巧志　康　艳　傅彬彬　管锦玉
　　　　　魏　巍

让警徽永远闪亮

这是一本由北京市公安民警队伍中的兼职心理健康工作者根据专业要求以及实践经验撰写的一本针对性强、实用性强、操作性强的工作手册。阅罢，一种深深的敬佩和感动油然而生。编写者大都是一线的民警，承担着日常繁重的警务工作，但同时他们又是民警队伍里拥有二级、三级心理咨询师证书的心理健康工作者，需要运用专业的助人知识和技能帮助身边的战友和同行。我很荣幸有机会参与对这支公安民警心理健康工作队伍的专业技能培训，教授团体心理辅导的理论与方法，也有机会带领他们实践和演练团体辅导的技能，他们的好学和努力、勤奋和用心总是让我印象深刻，常常让我感动不已。

公安民警是一种特殊职业，尤其在和平年代，可以说是最危险的职业之一。责任重、任务难、压力大、时间紧，面临的环境复杂，担负着保平安、促稳定、维和平的重任，不仅需要优秀的心理素质，更需要良好的心理健康状态。公安民警的心理健康不仅影响着个人和家庭，更影响着公安民警队伍建设与社会的安全稳定，更关系到平安中国的建设。

2016年年底，包括公安部在内的国家22部委联合印发《关于加强心理健康服务的指导意见》，其中第四部分"加强重点人群心理健康服务"第7条规定："普遍开展职业人群心理健康服务。各机关、企事业和其他用人单位要把心理健康教育融入员工思想政治工作，制订实施员工心理援助计划，为员工提供健康宣传、心理评估、教育培训、咨询辅导等服务，传授情绪管理、压力管理等自我心理调适方法和抑郁、焦虑等常见心理行为问题的识别方法，为员工主动寻求心理健康服务创造条件。对处于特定时期、特定岗位、经历特殊突发事件的员工，及时进行心理疏导和援助。"第五部分"建立健全心理健康服务体系"第12条规定，要建立健全各部门各行业心理健康服务网络。特别提到"公安、司法行政等部门要根据行业特点普遍设立心理服务机构，配备专业人员，成立危机干预专家组，对系统内人员和工作对象开展心理健康教育、心理健康评估和心理训练等服务"。第七部分"加强组织领导和工作保障"第21条明确部门职责，提出"公安、司法行政部门负责完善系统内心理健康服务体系建设，建立重大警务任务前后心理危机干预机制"。这些内容对于公安民警心理健康工作既是指导也是要求。关爱公安民警的心理健康对于建设特别能战斗的警察队伍至关重要。

北京市公安局对民警心理健康非常关注，为了能提供科学、及时、有效的心理健康服务，多年来经过系统培养和训练，成长起一支既有专业素养，又熟悉警察工作的体制内民警心理健康队伍。他们花费了很多休息时间刻苦学习心理咨询理论，不仅获得了国家二级、三级心理咨询师证书，还参加大量培训提升自身心理健康服务技能。在民警心理健康服务中创造性地运用所学，开发了大量适合警察职业特点的心理健康服务方案，用心用情为北京的民警提供全方位的心理健康服务，尤其在危机时期和执行特殊任务的情况下，为民警开展有针对性的心理健康专业服务，为维护北京民警的心理健康做出了积极贡献。这本书就是他们对多年民警团体辅导和心理健康工作的总结和记录，凝集了集体的智慧和心血汗水，更充分彰显出他们的职业使命感和高度的责任感。

团体心理辅导既是一种心理健康服务的专业方法，也是一种体验式、参与式、合作式学习方法，更是一种高效的工作方式。在安全、温暖、信任、支持的氛围中，团体成员通过自我表达、观察学习、互帮互助、集思广益，可以开拓视野、丰富经验、舒缓压力、维护健康、提升技能、善用优势、突破困境和促进成长。

这本书有四个鲜明的特点：针对性强、创意新颖、通俗易懂和便于操作。针对性强是指全书紧扣公安民警工作的职业特点，运用团体辅导，从思想政治工作、警队建设到全面关注民警职业效能感、压力应对、情绪调节和有效沟通；创意新颖是指编者不仅将团体辅导方法用到了公安民警心理健康提升中，更是创造性地运用在警务工作的方方面面，开启了体验式、参与式、合作式学习和交流的新形式，非常新颖且实用；通俗易懂是指全书写作表达简洁、概括，无论是对理论的表述，还是方案设计都清晰明了，容易理解，容易掌握；便于操作是指这些设计的团体辅导方案或是书中上百个团体辅导练习和活动每一个步骤描述得都很清晰、很细致，能够带着读者一步一步去操作、去练习。

衷心希望这本手册能够为全国民警团体辅导工作提供有益的工具，也为其他行业的心理健康工作提供积极的参考。

樊富珉

清华大学心理系教授

（中国科协全国临床与咨询心理学首席科学传播专家、国家卫生与健康委员会精神医学与心理健康专家委员会委员、中国社会心理学会心理健康专业委员会主任委员、中国心理卫生协会团体心理辅导与治疗专业委员荣誉主任委员、中国心理学会危机干预工作委员会副主任委员、注册系统监事长）

2021 年 10 月 4 日

第一章	民警团体心理辅导工作制度	1
第一节	工作基本要求	1
第二节	民警团体心理辅导的有效性因素	5
第三节	民警团体心理辅导工作基本流程	9
第四节	民警团体心理辅导工作基本策略	16
第五节	民警团体心理辅导常用热身活动	19
第二章	增强团队凝聚力团体心理辅导工作	26
第一节	团队凝聚力的影响因素	26
第二节	增强团队凝聚力团体心理辅导的工作要点	29
第三节	增强团队凝聚力团体心理辅导的设计思路与注意事项	30
第四节	增强团队凝聚力团体心理辅导的参考活动	31
第五节	增强团队凝聚力团体心理辅导的工作方案	40

第三章 情绪调节团体心理辅导工作 　　69
第一节　情绪产生机制　　69
第二节　情绪调节团体心理辅导的工作要点　　71
第三节　情绪调节团体心理辅导的设计思路与注意事项　　73
第四节　情绪调节团体心理辅导的参考活动　　74
第五节　情绪调节团体心理辅导的工作方案　　82

第四章 人际沟通团体心理辅导工作　　95
第一节　人际沟通的基本结构　　95
第二节　人际沟通团体心理辅导的工作要点　　98
第三节　人际沟通团体心理辅导的设计思路与注意事项　　99
第四节　人际沟通团体心理辅导的参考活动　　100
第五节　人际沟通团体心理辅导的工作方案　　110

第五章 压力管理团体心理辅导工作　　125
第一节　压力产生机制　　125
第二节　压力管理团体心理辅导的工作要点　　128
第三节　压力管理团体心理辅导的设计思路与注意事项　　129
第四节　压力管理团体心理辅导的参考活动　　130
第五节　压力管理团体心理辅导的工作方案　　145

第六章 自信提升团体心理辅导工作　　161
第一节　职业效能感的影响因素　　161
第二节　自信提升团体心理辅导的工作要点　　163

第三节　自信提升团体心理辅导的设计思路与
　　　　注意事项　165
第四节　自信提升团体心理辅导的参考活动　166
第五节　自信提升团体心理辅导的工作方案　178

主要参考文献　199

第一章
民警团体心理辅导工作制度

第一节　工作基本要求

团体心理辅导是在团体情境下进行的一种心理辅导形式。它是通过团体内人际交互作用，促使个体在交往中观察、学习、体验，认识自我、探索自我、调整改善与他人的关系，学习新的态度与行为方式，以促进良好的适应与发展的助人过程。

团体心理辅导的模式更加符合警营文化特征，其形式、动力、效果都被广大民警迅速接受，成为主要的心理服务工作模式之一。团体心理辅导无论对民警心理素质提升、才能发展，还是对民警心理问题的预防都发挥着积极且重要的作用，相关的技术和方法也广泛应用于警察职业生涯的各个方面。

一、民警团体心理辅导工作基本原则

1. 以公安思想政治工作要求为前提

民警团体心理辅导工作要符合公安队伍的思想政治工作要求，在活动中起到促进民警增强爱岗敬业、团结友爱、积极向上的思想意识，增加队伍凝聚力的作用。

2. 以公安业务提升需求为依据

民警团体心理辅导工作应根据警种和勤务性质有针对性地提供服务，提升民警压力应对、情绪管理、人际沟通的能力，提升民警社会形象和战斗力。

3. 以民警为主体

团体心理辅导是一个"助人自助"的过程。心理上的改善与提升都需要民警自身具有改变的动力。因此，在民警团体心理辅导过程中，应尊重民警的主体地位，实现民警的"自助"与"互助"。

二、民警团体心理辅导工作目标

民警团体心理辅导的目标应以心理问题的疏导、预防和民警职业发展的促进为重点。

1. 通过有针对性的团队配合行为训练，提升心理素质，提高队伍战斗力

作为和平年代最危险的职业之一，民警在临战状态下，需要应对极大的心理压力。因此，在日常工作中通过团体辅导活动，要求民警完成一些高难度的团队配合任务，从而达到防患于未

然、提升心理素质、提高队伍战斗力的目标。

2. 普及心理健康知识技能，引导民警学习日常心理保健方法

通过团体心理辅导的方式，一是可以引导广大民警系统学习心理学基础知识、心理健康知识，了解常见心理问题与心理障碍识别与预防、心理保健的途径与方法等；二是学会积极面对挫折，提高身心素质，引导民警正确应对心理问题，正确认识心理障碍，放下思想顾虑，积极参与心理辅导，接受心理健康服务。

3. 协助基层所队提高团队凝聚力、塑造警营文化、提高队伍执行力

通过团体心理辅导，一是可以从各方面把团体的成员聚合起来，从而产生极强的向心力和凝聚力，把静态机制变为动态机制，把外在压力型管理转变为内在动力型管理。通过激发团体成员的快乐能量，来有效激活主动性和创造性；二是营造快乐积极的工作氛围，提高工作效率。通过团体心理辅导融入文化建设等多种载体加强交流和互动，营造一个相互帮助、相互理解、相互激励、相互关心的氛围，从而稳定工作情绪，形成共同价值观，产生队伍凝聚力和战斗力；三是团体心理辅导可以帮助团体成员树立正确的人生观，拥有良好的心理素质，善待自己、善待他人、善待工作，为崇高的理想信念不懈奋斗。

三、民警团体心理辅导工作要求

1. 简洁高效、服务实战

为了更加符合公安警务的特点，采用"短""平""快"的方式开展团体心理辅导。每次团体心理辅导时间宜控制在 1.5 小

时左右，原则上不超过 2 小时。

2. 团结协作、注重形象

心理教官要注重树立良好形象。佩戴胸卡、统一着装，小组成员团结协作、相互尊重。

3. 充分做好需求调研

在开展服务前，心理教官要主动与主办方联系，准确领悟主办方实际需求、参与民警特征和场地条件。

4. 精心制定服务方案

根据调研情况，有针对性地制定服务方案，做到目标清晰、流程合理、分工明确、备有预案。方案要围绕服务目标、贴近警务实战、主题突出。

5. 认真落实督导总结

服务结束后两天内完成本次服务总结，可以小组成员相互督导，也可根据需要提请专家督导。总结要围绕服务目标、服务过程、服务质量、民警反馈、完善意见等内容开展。

6. 及时完成信息报送

服务结束后一周内，小组组长负责以电子版形式上报本次服务开展情况。内容包括实施过程、民警反馈、满意之处、不足之处、改进措施及服务方案。

第二节 民警团体心理辅导的有效性因素

团体心理辅导是一种非常高效的心理辅导与训练手段，其对团体成员的改变是一个复杂的过程，这种改变随着团体成员各种体验复杂的相互作用而产生。Irvin D. Yalom 将这种相互作用归纳为团体心理治疗的"疗效因子"[①]。对于团体心理辅导，疗效因子可以称为有效性因素，了解这些有效性因素对于理解团体效能、提升团体带领能力有重要的参考价值。

一、希望重塑

脑科学研究表明，安慰剂的作用不是药物本身，而是对大脑直接的心理暗示作用。说明信心本身对于个体而言就具有治疗效果。

团体心理辅导能够通过教官和其他成员的反馈，让成员及时觉察自身的改变和进步，帮助成员看到团体心理辅导对其问题的改善，增加团体成员对团体心理辅导效果的信心，让团体成员保持对工作生活的期待。

二、普遍性

许多成员进入团体之前都有焦虑不安的各种想法，认为只有

---

① [美] Irvin D. Yalom，[加] Molyn Leszcz. 团体心理治疗——理论与实践. 李敏，李鸣译. 中国轻工业出版社，2014.

自己存在不能为他人接受的问题、念头、冲动和幻想。而且这种独特感常常因为社会孤立而扩大，使深入的亲密关系无法形成。

团体心理辅导可以使成员听到其他人坦露与自己相似的焦虑，看到大家的共同性，使彼此产生共鸣与情感支持，从而减轻其心理负担、增强安全感。

三、传达信息

在团体心理辅导过程中，团体教官会在团体中向成员提供教导式指引，团体成员之间也会对彼此的问题给出忠告或建议。

1. 教导式指引

教导式指引，是指团体教官为团体成员提供对心理相关问题的解释和改善指导。这种指导能够帮助团体成员减少对问题的不确定性，获得对生活的控制感，降低焦虑程度。

2. 忠告建议

忠告建议，是指来自团体成员之间对生活问题所提供的忠告、建议或直接指导。忠告本身的内容对问题改善未必全部有益，但忠告行为本身能够传递成员间相互的关注和支持。

四、利他助人

社会支持理论认为，个体的生存需要与他人共同合作，并获得他人协助。当个体遭遇压力或问题事件时，社会支持网络就能够为其提供问题解决的资源。

在团体心理辅导的过程中，团体成员不仅能够收获帮助，也能通过向其他成员提供帮助来提升自己的自尊，从而使自我价值感进一步增强。

五、原生家庭的矫正性重现

大多数成员进入团体时都带着对原生家庭的一些困惑及各种情绪体验。团体体验就像家庭体验，只不过团体体验包容性更强，能够帮助团体成员重新经历并了解其在家庭中的成长过程，鼓励成员打破固有关系模式，探索尝试新行为，修通长久以来未完成、未处理的过去的问题。

六、发展社交技巧

有研究表明，在团体中时间较长的成员更易获得高度成熟的社交技巧。他们学会了如何有效地回应别人，知道解决冲突的方法，不会主观地批评，而且善于体验和表达适当的同理心。这些技巧对成员将来的社会互动有很大的帮助。

七、行为模仿

社会学习理论认为，个体仅通过观察他人或模仿榜样，就可以学习某种社会态度和行为。在观察学习中，环境中的他人是重要的信息来源之一。

团体成员在团体互动中，会有意向团体中比其适应能力更好的人学习，并且在目睹小组成员勇于表露自己不为人知的一面又因此得到支持和理解后，会采用该成员的行为模式或交往风格，继而修正原有不适应的行为。

八、人际学习

自我认识的窗口理论认为，每个人的自我都有四个部分：公开的自我，也就是透明真实的自我。这部分自己很了解，别人也很了解；盲目的自我，是别人看得很清楚，自己却不了解的部分；秘密的自我，是自己了解但别人不了解的部分；未知的自我，是别人和自己都不了解的潜在部分，通过一些契机可以激发出来。通过与他人分享秘密的自我，通过他人的反馈减少盲目的自我，个体对自己的了解就会更清晰、更客观、更全面。

团体心理辅导可以帮助团体成员发现在互动中自己的言行如何对其他人产生影响，领悟自己的行为交往模式及其成因，进而改善原有的行为交往模式。

九、团体凝聚力

团体凝聚力是指团体成员被团体及团体中其他成员所吸引的程度。在有凝聚力的团体中，成员会彼此接纳、支持，而渐渐在团体中发展出有意义的关系。

在这种情景下，成员较能自我探索，能察觉以前不能接纳的那一部分自我，且较能与别人保持深度关系。成员可以在有凝聚力的团体中提高自尊，在获得团体尊重的过程中习得社会行为。

十、情绪宣泄

研究表明，情绪的表达与个体的希望感和自我效能感直接相关，同时也与应对能力相关。如果个体能清晰地阐明自我需求，那么他和他周围的人就能更有效地面对环境刺激。

在团体心理辅导过程中，团体成员除可以释放被压抑的感情外，也能够学会清晰准确地表达自身的情感与需求。

十一、存在因子

存在治疗的重要概念是因为人类以两种方式来处理生存终极问题：一种是压抑和忽视自己的生存情景；另一种是感叹万事万物的存在，真诚地活着，接纳各种可能性和限制，意识到自己对生命的责任。人的存在是在真诚状态下的自我创造，从而提供一种改变的力量。

存在因子通过以下内容，帮助团体成员接受生活中的压力，改变对生活的态度：

第一，了解到生命有时候是不公平的；

第二，了解到生命中某些痛苦和死亡是不可避免的；

第三，了解到无论我和别人多亲近，我仍然需要独自面对人生；

第四，面对生死，我更能诚实地生活而不被细枝末节羁绊；

第五，认识到我终究必须对自己的生活方式负责，无论从别人那里得到多少指导和支持。

第三节　民警团体心理辅导工作基本流程

心理教官需要清楚地知道团体心理辅导的工作流程，才有可能做到有效设计以及顺利执行团体辅导工作。

警队实施的团体辅导一般属于结构式团体辅导。结构式团体一般由事先安排、设计好的活动来引领，有预设的目标及辅导情景，有计划的辅导主题贯穿整个团体辅导过程。通过流程的设计与安排，促进团体发展，达成辅导目标。

一、方案设计阶段

心理教官需要具备根据参与对象的情况和问题策划出团体辅导方案的能力。一般来说，心理教官必须是该活动方案的设计者。在带领团体之前，应妥善设计团体方案，明确团体的目标、过程与理论基础。完整的团体心理辅导方案就像一幅地图，使团体教官时刻心中有数，也使参与民警有目标、有意愿、积极参与。

1. 前期准备

团体心理辅导工作开始前的资料收集和计划准备是决定团体辅导质量的重要因素。在方案设计开始前心理教官应明确以下几个问题：

（1）充分的需求调查和分析；

（2）确定组织活动的主要目标；

（3）明确组织方和参与者；

（4）事先看好场地；

（5）澄清参与民警的期待；

（6）确定团体辅导能够开展的日期和次数。

在确定以上信息和要素后，心理教官需要填写《团体心理辅导计划书》（见表1-1），搭建团体辅导的整体架构。

表1-1 《团体心理辅导计划书》模板

团体辅导名称、性质			
团体名称	学术名称		
	宣传名称		
团体性质		结构化程度	
团体辅导教官与督导			
团体教官	姓名	联系方式	分工
团体督导者	姓名	联系方式	督导时间
团体辅导参与人员情况			
主办单位		工作/岗位特征	
参与人数		人员心理特征	
团体辅导活动计划			
活动时间		活动频次	
活动场所		场地情况	
理论依据	理论名称、主要观点		
设计思路	过程规划、主要活动、团体成员分工		
评估方法	评估工具、评估时间		

2. 内容设计

单次团体心理辅导全过程可以分成开始、中间和结束三个阶段。在内容设计时，可以根据过程设计相应的活动：

（1）热身活动（适用于开始阶段）。

热身活动能够为团体心理辅导暖场；促使民警快速进入团体，吸引其注意力；增进民警间的互动，为主要活动做准备（在本章最后，将对团体心理辅导中可选的热身活动进行详细说明）。

热身活动切忌内容过多，时间过长，一般 10~15 分钟。热身不足，团体难以有效启动；热身过度会本末倒置，占用过多时间，会影响团体辅导正常进行，无法达到预期目标。

（2）主题活动（适用于中间阶段）。

每次团体辅导核心活动的质效，是关系到团体目标能否达成的关键。应按照团体内容目标而设计，因民警需要、心理状况和团体阶段、要达到的目标不同而不同（关于主题活动和主题团体辅导的设计，将在本书第二章至第六章中进行具体说明）。

（3）收尾活动（适用于结束阶段）。

每次团体辅导结束前 5~10 分钟，需要对该次团体辅导进行总结，或者通过某些简短的活动让主题升华。可以让民警分享心得与巩固所学，预告下次团体的主题，并布置家庭作业，促使民警将所学用于实践。

3. 注意事项

（1）避免为活动而活动。

任何一种方案或一项活动，都只是团体辅导的工具或手段，不是目的。应尽量避免活动过多，却不注重交流分享的问题。

为了发挥活动的功能，心理教官必须适当地运用领导效能发展团体动力，有时更需要外在条件配合，如环境设备、民警参与与行政支持等。

（2）避免依葫芦画瓢。

有些心理教官在设计方案时会参考他人的团体方案与活动，但对于团体方案设计的概念及活动进行的操作方式理解不深入，带领团体时目标不清晰，导致成员参与意愿不高。

严谨的做法是事先将设计出的方案、不熟悉的团体心理辅导活动，在心理教官团队中实际操作一遍，共同探讨实施过程的经验感受和问题焦点。

（3）避免不适当的活动。

团体发展需要循序渐进，由表及里，由浅入深。民警的心态也需要有一个适应和转变调整的过程。如果心理教官对各类活动的应用范围和功能了解不足，常常会设计或安排不适当的活动（如开始阶段安排负向的活动等），常常会阻碍团体发展。

（4）避免活动衔接不当。

团体是一个不断发展的过程，团体中使用的各种活动不是孤立的、分离的，活动之间应该有内在的逻辑联系，配合团体目标，巧妙衔接，由浅入深，连贯流畅，一气呵成。如果活动衔接不当，会使团体成员有一种跳跃、不确定的感觉，影响团体进展。

（5）接受督导并与小组内教官探讨。

方案设计后应该先向有经验的心理教官或督导请教，认真思考究竟此团体方案或活动会带给成员何种感受、何种经验、何种认知收获、对个人及团体有哪些益处。针对上述问题仔细思考，或者通过团体成员之间的探讨交流激发进一步思考，可以使设计的方案与活动得到确认和支持，为有效实施奠定基础。

二、现场操作阶段

在现场实施团体心理辅导计划时，心理教官可根据团体心理辅导的三个阶段，按以下步骤开展活动：

1. 关系建立阶段

本阶段旨在创设和谐、温暖、理解的团体心理氛围，使参与民警获得安全感、认同感和归属感。

（1）轻松开场。

开场阶段，团体教官应在 2~3 分钟内，简要介绍本次服务的目的、意义、教官团队和规则。

（2）暖场阶段。

通过 10~15 分钟的暖场活动让参与民警彼此相识、彼此认同，积极沟通，激发参加团体的兴趣和需要，促进参与互动活动。

2. 主题实施阶段

本阶段主要通过创设特殊的活动或讨论情境，使参与民警通过对他人的行为进行观察和模仿来学习和形成一种新的认知或行为方式。

（1）过渡阶段。

经过暖场，参与民警已经开始融入团体之中，并找到自己在团体中的位置。本阶段心理教官可通过 20 分钟左右的活动引出本次团体辅导需要解决的问题，并鼓励民警把团体心理辅导作为练习和改善自己的心理与行为的实验场所。

（2）工作阶段。

本阶段通过 40 分钟左右的主题活动，激发参与民警对于需要解决的问题产生新的认识及感受，鼓励参与民警彼此谈论自己或别人共同关注的问题，分享成长体验，争取获得理解、支持，利用团体互动，增加对自我与他人的觉察力，并鼓励其将活动中获得的感悟和思考扩展到社会生活中去。

3. 团体结束阶段

在团体心理辅导进行到后期的时候，参与民警之间已建立了亲密、坦诚、相互支持的关系，对团体心理辅导的结束可能会依依不舍。因此，心理教官要协助民警总结参加团体辅导的收获，处理可能产生的分离焦虑，评估团体辅导的效果，鼓励民警将所学所获运用到工作和生活中。这是巩固团体心理辅导的成果中非常重要的一环。

（1）总结阶段。

本阶段主要目的是帮助参与民警梳理、整合团体辅导活动中的收获，并促使其将这些收获应用到日常工作生活中；鼓励参与民警保持关系的建立，在必要时可互相鼓励、互相帮助。成长评价也是团体心理辅导结束阶段的一个重要程序，让民警填写评估量表，交流个人的心理体验和成长经历。

（2）集体合影。

本阶段既可以作为对团体心理辅导结束的一种有仪式感的告别方式，也是团体辅导档案留存的要求。

三、评估阶段

对团体心理辅导进行评估有助于了解服务或方案实施的状况，以便做出改进和完善。活动是否达到预期目标、参与民警是否满意、工作方法与技巧使用是否恰当、团体合作是否充分、今后组织同类团体心理辅导可以做哪些改进等，都需要通过评估来获取数据。团体评估所包含的范围相当广泛，评估的方法也因目的、层面、类型及对象的不同而有所区别。

1. 方案评估

团体方案是团体心理辅导的总纲，方案是否翔实，将对团体的成败产生关键性的影响。团体方案的评估，包括计划相关资料的获得、需求的评估以及团体目标及民警个人目标等。

2. 过程评估

团体心理辅导进行过程中所作的评估称为过程评估。团体过程评估包括团体的关系、气氛、进程、团体事件处理和团体结束是否妥当等方面。

3. 总结评估

总结评估，是指在团体结束时所作的评估，这是团体心理辅导结束时必须做的一项工作，有助于团体关系的进一步稳定和下一步工作的改进。总结评估常采用心理教官事先设计的评估表和问卷，或者事先选定的测验等。

4. 效果评估

效果评估，是指在团体心理辅导的过程中或结束后的一定时间内，对参与民警做跟踪观察，并得到反馈。心理教官可通过个人访谈、团体访谈或与团体领导交流，侧面了解团体成员的工作、生活和情绪状况，特别是了解他们对团体心理辅导探讨的主题在现实工作生活中的应用能力，调查团体经验应用于真实生活的实效。

第四节　民警团体心理辅导工作基本策略

为达成团体心理辅导的工作目标，心理教官在带领团体时可使用一些有针对性的策略，达到更深入探索参与民警个人感受、引发谈话、促进讨论等目标。在团体心理辅导中，常用的基本策略有以下几类。

1. 积极倾听

倾听是心理咨询师和心理教官的基本功。倾听并不仅仅是听见，听见只是用耳朵在听成员讲话；而倾听更重要的是用心理解对方语言里的真实含义，并能设身处地地体会他们的感受。只有通过专注的倾听，关注成员所有的言语和非言语行为，方能理解其真正含义。积极倾听有助于形成关注信任的气氛，表达对成员的充分尊重，同时也有助于成员的情感宣泄，鼓励他们自我开放、自我探索。

2. 共情

共情是指站在民警的立场去体会发言民警的感受、需求、经验和想法，不加入任何主观的见解。一般而言，心理教官可用假设性的口吻进行回应，但要避免"鹦鹉学舌"式的重述民警原话。共情的技巧有利于加深民警对被接纳的感受，促进其自我探索，也有利于形成信任、关怀的团体互动关系。

3. 提问

在团体心理辅导过程中，需要对参与民警表达的一些信息提出询问，以更清楚地了解信息，促使成员进一步表达。提问大体上分为开放式提问和封闭式提问两种。团体心理辅导一般以开放式提问为宜，这种提问可以获得更多的信息，而封闭式提问得到的信息就相对较少。

4. 澄清

参与民警的语言表达可能会比较含蓄简略。针对这一问题，教官要抓住重要环节进行澄清，以掌握语言背后的情绪和真实想法，对其个人情况作进一步评估和探索。对语言含义的澄清也有利于团体聚焦。

5. 反映

反映会有镜子般的功能，使参与民警更清楚地了解自己。这需要心理教官用心去关注民警的感觉，包括面部表情、姿态、语调和动作等非语言行为，让民警体会到心理教官能够理解他的处境，体会他的感受，接纳他的行为。反映既表现了参与民警的理解，又能够协助民警表达其无法完全用语言表达的部分，有利于团体中沟通分享的开展。反映技术包括内容反映和情感反映。

6. 开启

团体心理辅导在进行之初或团体动力停滞时，心理教官可以通过言语、非言语行为或具体的活动，带领团体成员进入互动交流的情境中，从而提高参与民警的参与感，提升团体辅导过程的效率。

7. 联结

联结是指将团队中每个人表达的观念、行为或情绪的相似之处衔接起来，使之产生关联，或把参与民警未觉察到的一些有关联的片段资料予以串联，以帮助其了解彼此的异同，增加彼此的认同感，提供重新检视个人的机会，使其有所领悟，并引导其做出行为改变。运用联结技术时，同时可以鼓励民警直接自由地沟通，促进团体成员之间积极互动。

8. 阻止

为了防止团体成员产生不适当的行为，心理教官可以采取阻止策略。阻止针对的是不当事件而非团体成员。使用阻止技术时，语气要温和、态度要真诚。

9. 调停

当团体成员不习惯或不适应团体气氛，或团体讨论未在主题范围内，心理教官需采取调停技术保障团体辅导活动正常开展。

调停的目的是把团体心理辅导的焦点集中到与团体心理辅导有关的内容上。在团体心理辅导过程中，心理教官采取调停策略旨在集中焦点，使团体讨论回到主题内容上。

第五节　民警团体心理辅导常用热身活动

心理教官可根据参与民警的特征和团体辅导任务选择适当的热身活动。

活动1：左抓右逃

1. 活动设置

（1）活动时间：5分钟。

（2）活动道具："乌鸦和乌龟"的故事。

（3）活动场地：室内。

2. 活动过程

（1）全体参与民警手拉手围成一个大圈，先伸出右手，食指向上，再伸出左手掌心向下放在旁边同伴的右手食指上。

（2）教官读"乌鸦和乌龟"的故事，当出现乌鸦、乌龟这两个词语中的任何一个时，要求参与民警马上用左手去抓同伴的右手食指，同时把自己的右手食指快速从同伴的左手下抽躲出来。

（3）故事讲完后，请被抓住次数排名前几的参与者上前进行自我介绍。

3. 注意事项

（1）当讲到关键字时，注意停顿，给参与者反应时间。

（2）自我介绍放在活动最后，不要打断故事节奏。

附：

"乌鸦和乌龟"的故事

森林里有一间小小的城堡，里面住着可怕的巫婆和他的仆人**乌鸦**。突然有一天，天上慢慢飘来一片片乌云，转眼间就乌黑乌黑的，什么也看不见。不一会儿，天就下起了大雨。在狂风暴雨中，巫婆听到有人在敲门，隔着门缝一看，原来是一只**乌龟**，还有一只乌贼。它们要求巫婆让它们进屋。巫婆同意了，可是**乌鸦**不同意，它和**乌龟**是多年的宿敌。雨越下越大，大家也越吵越凶，乌贼指着乌云对巫婆说："雨这么大，**乌鸦**却不让我们进去，我和**乌龟**都会生病的，再不开门，我一定会让你的城堡变得乌烟瘴气。"最后，巫婆还是没有给它们开门。没多久，雨停了，太阳出来了，乌云也散了，巫婆和**乌鸦**这才打开门，看见**乌龟**已经冻得缩成一团。

活动2：桃花朵朵开

1. 活动设置

（1）活动时间：10分钟。

（2）活动道具：无。

（3）活动场地：室内、室外均可。

2. 活动过程

（1）全体参与民警手拉手围成一个大圈。

（2）当听到教官说"桃花开，桃花开，桃花朵朵开"时，参与民警询问"开几朵"。

（3）教官说出一个数字后，参与民警要根据这个数字抱团组队。

（4）邀请未能组队、小组中多人或少人的民警进行自我介绍。

3. 注意事项

（1）本活动有跑动、蹲起等动作，不适合障碍物较多的活动场地或成员年龄较大的团体。

（2）本活动可重复3~5轮，最后一轮可替代分组或整队功能。

（3）若小组中人数超过规定数目，可让小组内民警自行选择是全员接受"惩罚"，还是放弃多余的人员，被放弃者需按规定表演动作。

活动3：大风吹

1. 活动设置

（1）活动时间：10分钟。

（2）活动道具：与民警人数相同的椅子。

（3）活动场地：室内、室外均可。

2. 活动过程

（1）参与民警围坐成圈，教官立于中央，没有座位。

（2）当听到教官说"大风吹"时，大家问"吹什么"。

（3）教官说出人的一类特征，如性别、着装颜色，然后具有本特征的民警均需起身移动，换另一个位置坐下。此时教官会抢占其中一个座位。

（4）未能找到座位的民警需进行自我介绍，并提出新一轮"被吹"的特征。

3. 注意事项

（1）本活动有跑动、抢椅子等动作，不适合障碍物较多的活动场地或成员年龄较大的团体。

（2）本活动可重复 5~7 轮，最后一轮教官可主动起立让出座位。

（3）如参与民警需要统一着装（个性化特征较少），则不适宜开展本活动。

活动 4：松鼠大树

1. 活动设置

（1）活动时间：10 分钟。

（2）活动道具：无。

（3）活动场地：室内、室外均可。

2. 活动过程

（1）全体民警每 3 人一组，2 人扮大树，面对面站立，伸出双手搭成一个圆圈；另一个人扮松鼠，站在圆圈中间。

（2）没有角色的民警可作机动人员。如果都有角色，助教进组做机动人员。

（3）如果教官指令"松鼠"，则扮大树的人不动，扮松鼠的人要迅速离开原来的大树，重新选择别的大树，机动人员这时要迅速地进入大树中。没有角色的人进行自我介绍。

（4）如果教官指令"大树"，则扮松鼠的人不动，扮演大树的人则必须离开原先的同伴,并重新组合成一棵大树,围住松鼠。机动人员这时要迅速地进入大树中。没有角色的人进行自我介绍。

(5)如果教官指令"地震啦",扮演大树和松鼠的人必须全部散开,并重新组合,这时候大家可以自由选择角色。机动人员这时要迅速地进入大树中。没有角色的人进行自我介绍。

3. 注意事项

(1)本活动有跑动、蹲起等动作,不适合障碍物较多的活动场地或成员年龄较大的团体。

(2)本活动可重复5~7轮,待团队气氛较为轻松活跃时结束。

活动5:无声排序

1. 活动设置

(1)活动时间:10分钟。

(2)活动道具:无。

(3)活动场地:室内、室外均可。

2. 活动过程

(1)活动过程中只可用身体语言进行交流、不可用语言交流。

(2)以身份证上的年月日为准,生日最大的在心理教官左手边,最小的在心理教官的右手边,依次按顺序排列。

(3)排序后依次报告生日,判断排序是否准确。

3. 注意事项

除生日外,还可根据工龄、通勤距离等顺序进行排列。

活动 6：交换姓名

1. 活动设置

（1）活动时间：5~10 分钟。

（2）活动道具：胸卡、彩笔。

（3）活动场地：室内、室外均可。

2. 活动过程

（1）参与民警事先将姓名写在胸卡上，围成圆圈坐好。

（2）将自己的胸卡交给右边的同伴。

（3）当教官问及"A，你今天早上几点起床"时，真正的 A 不可以回答，而必须由手持 A 名字胸卡的人来回答。

（4）由应答未答，或回答不恰当的人员上台进行自我介绍。

3. 注意事项

在胸卡上写名字时，提示参与民警要把字写大一些，要让教官能看到。

活动 7：相识接龙

1. 活动设置

（1）活动时间：5~10 分钟。

（2）活动道具：无。

（3）活动场地：室内、室外均可。

2. 活动过程

（1）参与民警可任意在场地中走动，去结识团体中任何一个人。

（2）两人同时伸出右手，拇指相对，旋转之后握手，嘴里念道:"原来不认识,今天见到你,握手问个好,我叫×××(说出名字),你可以叫我×××(可以是小名、昵称等愿意让别人称呼的称谓)。"如果两人以前认识,则可以说:"原来就认识,今天又见到,衷心祝福你。"。

(3)两人猜拳,输了的人站到赢家身后,双手搭在其肩上,跟随赢家。赢家再去找新的人相识,民警之间彼此接龙,最后会一个搭一个地形成一条长龙。

3. 注意事项

活动开始前教官应让助教向参与民警演示规定语句和动作。

第二章
增强团队凝聚力团体心理辅导工作

第一节 团队凝聚力的影响因素

凝聚力是指团队或群体对其成员的吸引力。一般而言，高凝聚力的团队会有较高的绩效水平和较为和谐的内部关系——团体成员会花大量的时间聚在一起，会高频率地分享信息，对其他成员也更加满意，而且在高凝聚力之下，也会自发为团队的其他同伴提供支持。研究表明，团队凝聚力主要受以下因素影响：

一、团队的组成

1. 团队的规模

团队的规模越大，团体成员间互动的机会和可能性就减小，从而难以形成凝聚力，团队的凝聚力就越低；反之，小规模团队中，成员间互动的机会增大，团体成员就比较容易融为一体，从而形成更强的凝聚力。

2. 成员的相互认同

如果团队某个成员从其他成员身上发现了自己同样具备或喜欢的某种品质特征，这名成员就会向对方表示赞美和钦佩，成员间的这种相互认同，会使得他们更愿意共同克服困难、完成任务。

二、团队任务

1. 任务目标的一致性

目标一致是形成凝聚力的前提条件，如果团队目标与个体目标是一致的。那么个体就会被团队所吸引。团队内部的认同，也会使团体成员的身份显得更加重要。

2. 目标任务实现过程中对成员协作的要求

如果团队目标的实现需要每个团体成员的共同努力且密切协作完成，则团体成员在行为、情绪和心理上就会与其他成员融为一体，形成合力。

3. 任务的难度和吸引力

以团队为单位，具有一定挑战性且经过努力可以达到的任务，能够为整个团队带来共同面对压力的经验，完成这类任务，必须要团体成员保持高度一致，齐心协力，这样一个完成任务的过程，也会促进更高凝聚力的形成。

三、团队内部管理

1. 领导方式

社会心理学家勒温将领导方式分为了"民主"、"专制"和"放任"三种类型，研究表明，民主型领导方式能够使团体成员之间情感更积极，成员思想更活跃，团队凝聚力更强。

2. 激励方式

团队中每个成员的心理需求各不相同，有些个体有归属于某一团队的需求，有些个体则对获得认同有很强烈的需求，有些个体有沟通和亲善的需求等。团队是否能够持续为其成员提供其所期望的激励，会对团队凝聚力产生重要影响。

3. 沟通

成员之间的沟通有利于对团队任务及其进展情况的了解，能够更好地促进团队任务的完成。在有效沟通的基础上，个体与团队才能维持相互信任，增强对团队的归属感。

4. 规范

高凝聚力的团队一般较易产生共认规范，制定有效合宜的团队规范，会在一定程度上约束成员的行为，使成员行为最大程度地指向团队任务。

第二节　增强团队凝聚力团体心理辅导的工作要点

由于公安工作的特殊性，民警在日常工作任务中本身就会表现出较多能够促进团队凝聚力的行为（如团体成员间的相互支持、通力合作等）。因此，心理教官在开展增强团队凝聚力团体心理辅导时，可从影响凝聚力的诸多因素中挑选可控因素，促进民警对团体成员、目标和理念的认同，增强公安队伍的凝聚力和战斗力。

一、激发情感：提升个人对团队理念的认同

团体心理辅导可通过预设的活动情境，使参与者直接体验或间接观察到"团结"、"协作"、"敬业"、"奉献"等思想、态度和行为对个人和团队发展的意义，激发其对于这些思想、态度和行为的积极情感，进而促进其对团体成员、目标和理念的认同。

二、关联行为：增强团队与个人的一致性

当参与者在团体心理辅导预设的活动中表现出"团结"、"协作"、"敬业"、"奉献"等态度或行为时，心理教官应将这些参与者本身具备的行为、态度与日常工作相关联，将抽象理念转化为具体行为，进而提升个人目标与团体目标的一致性。

第三节 增强团队凝聚力团体心理辅导的设计思路与注意事项

一、增强团队凝聚力团体心理辅导的设计思路

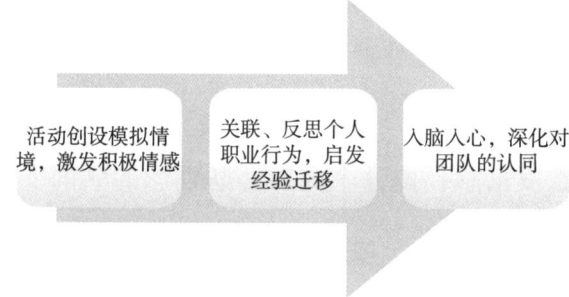

活动创设模拟情境,激发积极情感 → 关联、反思个人职业行为,启发经验迁移 → 入脑入心,深化对团队的认同

二、增强团队凝聚力团体心理辅导的注意事项

第一,活动设计应以协作任务为主。

第二,利用小组间的竞争,借助外部竞争压力,激发内部成员的团结协作意识。

第三,强调每个成员对团队的贡献,对团队活动中的突出贡献和积极协作同样给予鼓励。

第四,即使未能完成团队任务,也应引导关注成员在活动中的积极正向表现。

第五,通过团体讨论,引导团队关注积极观点,从而进一步增强团队凝聚力。

第四节　增强团队凝聚力团体心理辅导的参考活动

心理教官也可根据团体辅导目标和参与群体特点选取适当的活动。

活动1：合作方块

1. 活动目的

（1）觉察自己在团队中的行为模式。

（2）体会个人与集体的关系及团队合作的重要意义。

（3）理解教官组织协调工作的重大责任。

2. 活动设置

（1）活动时间：30分钟。

（2）活动道具：桌子（每组1张），正方形卡片（每组5张，可多准备些备用），A4纸（每组5张），信封（每组5个）。

（3）活动场地：室内。

3. 活动过程

（1）教官提前准备好正方形卡片，平均每组5张（可根据时间和团体成员人数增减卡片）。保证每个小组的卡片为同一种颜色，如第一组红色、第二组蓝色、第三组绿色等。教官将每组的5张卡片分别裁剪成3种规格不同的部分，每张卡片的裁剪规格应不同，但每组之间的裁剪规格应相同。然后，把15张小卡片的顺序打乱后装进5个信封里，每个信封里装有3张小卡片（见图2-2）。

卡片如图所示：

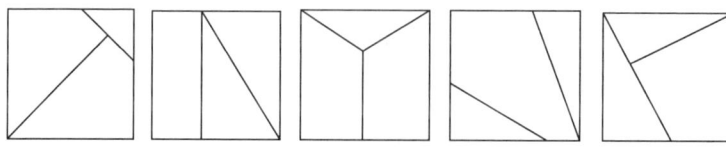

图 2-2

（2）教官根据人数，将成员均分成若干小组。每个小组围坐在一张桌子旁，并请每个小组选出一名组长。

（3）教官宣布规则：

一是每组将得到 5 个信封，每个信封中有 3 张小卡片，一共可以组成 5 个正方形，而且这 5 个正方形的大小一样。

二是活动过程中必须保持安静，民警之间不能说话，但可以打手势。如有说话，每说话一次，小组活动时间减 30 秒。

三是成员负责拼贴正方形，成员之间可以将自己的卡片给别人，但是不允许从别人那里直接拿走或要走卡片。

四是只有组长能从别人手里拿走卡片，但是组长不能拼贴正方形，违规一次，小组活动时间减 30 秒。

五是如果有争议，成员必须听从组长的决定。

（4）成员开始拼贴正方形，快速拼贴完成 5 个完整的正方形，小组的任务完成。

（5）10 分钟后，教官宣布活动时间到，所有小组停止拼贴。

（6）团体分享：

一是每个小组拼贴的过程。

二是活动过程中产生的情绪和想法。

三是在活动过程中，是否出现了不是组长，作用却大于组长的事实领导，是如何处理的？

四是在活动过程中，成员是如何与他人进行沟通协调？在与他人合作中如何找到自己的位置、体现自己的意识？

4. 注意事项

（1）提醒成员在拼贴时，确定后再用双面胶粘贴，否则无法调整。对于说话减秒、组长拼贴减秒的规则要特别提醒。

（2）注意成员过于被动或组长过于主导的现象。

5. 回顾总结

这个活动看似简单，实则是一个难度较大的活动，一般的小组只能拼出 3~4 个正方形。

本活动涉及个人的观察力、团队的合作力、领导的决策力及组织协调能力等多方面的组织意识形态。如果成员观察力很强，但是团队不合作，或者组长不能很好地协调大家，都可能导致小组目标的失败。

过程中的分工合作充分体现出集体与个体、上级与下级以及同事之间的关系，引导民警体会并领悟服从管理和团结协作的重要意义。

活动 2：摆造型

1. 活动目的

（1）觉察个体能力的局限性及在团队中的价值增值。

（2）体会团队协作的重要意义。

（3）理解教官组织协调工作的重大责任。

2. 活动设置

（1）活动时间：30 分钟。

（2）活动道具：无。

（3）活动场地：室外或宽敞的室内。

3. 活动过程

（1）选出4位成员，要求其听从教官的安排，统一行动。

（2）4位成员要做一次集体俯卧撑。为了完成该动作，他们需要趴在地上，把双脚放在彼此的背上做俯卧撑。如果他们能按要求正确完成，地上就不会有脚，只有四双手。

（3）4位成员成功做完第一组俯卧撑后，增加1位成员进来，尽可能完成最多人数的俯卧撑。

（4）当达到最多人数后，保持造型移动，记录移动的距离。

（5）团体分享：

一是你们在活动中遇到了什么问题？

二是针对这些问题，每位成员都做了什么？

三是这次活动带给你什么启发？

4. 注意事项

（1）参与做俯卧撑的成员要保证他们中的每个人至少能做1个俯卧撑，而且背部没有严重疾病。

（2）无法做俯卧撑的成员可以在活动中做保护者与观察者，尽可能不对参与者发出指令。

（3）每次在集体做俯卧撑时需要大家协调一致，往往需要多次尝试。如遇挫折，可允许成员们先商量一下再回到活动中，并鼓励大家多次尝试。

5. 回顾总结

一个人无法完成摆造型的任务，再有能力的个体也有局限性，个人难以完成的某些任务在团队的帮助下却可以轻松完成，体会团队的力量与智慧是无穷的。因此，在个人遇到挫折而无法解决时，需更加积极主动地寻求团队的帮助，协作完成，群策群力，攻坚克难。

团队中任务的完成有赖于统一的组织和领导，才有可能做到齐心协力。

活动3：变形记

1. 活动目的

（1）觉察个体在团队中的行为模式。

（2）体会团队协作的重要意义。

（3）理解教官组织协调工作的重大责任。

2. 活动设置

（1）活动时间：30分钟。

（2）活动道具：每组1根13米的长绳、每人1个眼罩。

（3）活动场地：室外或宽敞的室内。

3. 活动过程

（1）教官先把13米长的绳子两头打结，结成一个大绳圈，这样的大绳圈准备2~3个。

（2）成员分成若干组，每组5~8人。2~3组同时进行活动比赛。

（3）成员分别戴上眼罩，教官把事先准备好的大绳圈分别交给他们。

（4）根据教官发出变形指令，如正三角形、正四边形、正五边形……组内成员通过合作完成，用时最少的组胜出。

4. 注意事项

（1）长绳的长度以该小组成员每个人伸直双臂的总长度多5

米为宜，不要太短，也不能太长，否则都会影响活动的难度。

（2）一般以 2~3 个小组同时开展竞赛为宜，这样可以节省时间。

（3）在"变形"过程中，要求绳子充分展开，不可以收缩部分绳子，减短边长，降低难度。

（4）在"变形"过程中，如果时间充分可以允许民警戴眼罩讨论，如果时间紧张可事先讨论，然后戴眼罩并全程无声进行。

5. 回顾总结

由于整个活动要求参与者戴眼罩并无声交流，所以一个组要顺利完成变形过程，需要产生"教官"进行统一管理，才能从无序逐步进入有序。在活动中存在"教官"与"服从者"两种角色，参与民警之间需要有一个协调、服从、合作的过程，教官需要有充分的耐心等待变形过程的完成。使大家都能够体会到服从管理、提高执行力、团结协作精神的重要性。

活动 4：守初心

1. 活动目的

（1）帮助民警回忆入党初心与职业历程，探索职业动机，增加职业认同感。

（2）帮助民警发现个人优秀品质，提升自信，以积极心态面对未来的工作和生活。

2. 活动设置

（1）活动时间：30 分钟。

（2）活动道具：无。

（3）活动场地：室内。

3. 活动过程

（1）分组：5~8人一组

（2）教官布置问题，让成员依次回顾。

A. 您是在哪一年加入了党组织，当时发生了什么，谁介绍您加入的？（事件、时间、人物）

B. 您觉得自己身上有哪些优点？（优秀品质）

C. 您现在的工作是什么？您对自己在工作上的表现满意的地方是什么？在工作中是否有遗憾，对自己的期待是什么？（促进成长）

（3）团体分享：

一是每人按照由 A 到 C 的顺序进行分享。

二是这个分享给了你什么样的启示？

三是每组派代表在大团体中进行分享。

4. 注意事项

（1）教官在布置题目后及时示范，让团体成员更加清楚分享内容。

（2）最好每组有助教入组，如没有教官进入各个小组，选出小组长帮助成员进行有序分享。

5. 回顾总结

回顾入党历程，进一步激发责任意识、使命担当。

活动 5：担使命

1. 活动目的

（1）启发民警重新认识自己的工作角色与职责任务。

（2）激发民警思考警察职业的责任和使命。

（3）看到工作当中现有的资源并学会运用。

2. 活动设置

（1）活动时间：25分钟。

（2）活动道具：红花卡、红旗、彩色卡板纸、茅根、黏土、彩笔、双面胶、白板、剪刀。

（3）活动场地：室内。

3. 活动过程

（1）对未来的自己进行一个创作。

（2）心理教官对各种素材进行介绍、示范。

（3）可以用任意一种材料进行创作，如卡片、涂鸦作品、茅根、黏土等，也可以选择多种材料进行组合。

（4）创作之后，请民警把作品放到红旗上面。

（5）从不同的视角观看集体创作。可以挪动自己的作品，不能挪动其他人的。

（6）思考：

一是这个创作是未来工作中的自己，他或她像什么，是不是自己期望的样子？

二是看到这整幅作品中还有其他的作品，让我感觉到什么？

三是从对整体的作品欣赏中，如何看待那个独特的自己和整幅作品之间的关系？

4. 注意事项

（1）教官需要对创作材料进行逐一示范。

（2）要给予一定的创作时间，允许成员思考、观察和慢慢行动。

5. 回顾总结

引导民警从团体心理辅导的时间和空间等方面多角度思考自己的职业动机，发现自身的优秀品质，寻找自身价值与职业价值之间的平衡点，更好地适应、发挥、创造和激发对本职工作的能动性，为未来工作制订职业生涯的规划和目标。

活动 6：智慧传球

1. 活动目的
（1）体会团结协作、凝心聚力的重要意义。
（2）激发创新意识和开拓精神。
（3）觉察个体行为模式并提升沟通能力。

2. 活动设置
（1）活动时间：20 分钟。
（2）活动道具：计时器 5 个、乒乓球 5 个、白板笔 1 支、白板 1 块。
（3）活动场地：室内。

3. 活动过程
（1）将全班分成若干个 8 人组，每个小组推选 1 名组长、1 名计时员，并向心理教官领取乒乓球 1 个。
（2）宣布活动规则：每个民警都要顺时针接（接触）球一次，最终传递到第一名发球成员手中，以每个组人均接（接触）过球所用时间最短的组为胜。
（3）在计时员用秒表为各个组计时，完成一轮计时后，请各小组作演示。
（4）心理教官要启发大家用更快、更好的方法取胜，最终请用时最少的前 3 个小组成员分享经验。

4. 注意事项

（1）如分组时有个别组多出成员，也可征求其意见后代为计时。

（2）每轮传递结束后，助教需要在 30 秒的讨论时间内认真观察，小组的引领者、服从者、改变战术者以及关键性语句等，以便在讨论时进行有针对性地提问。

（3）及时宣布不断刷新的用时记录，提示改变方法、提高速度，不断宣布产生的新方法，而不直接公布最佳方法，使各组在探索的基础上获得成功。

（4）每个人对信息的理解和表达方式不同，要合理看待在极短时间内做到有效沟通，减少信息传递损耗。

5. 回顾总结

每个人在团队中都有各自的角色扮演及行为模式。

第五节　增强团队凝聚力团体心理辅导的工作方案

心理教官队伍通过多年的工作实践，形成了一系列可供参考的工作方案。

方案 1：不忘初心，牢记使命

1. 团体目标

（1）回顾入党过程、回忆入党时刻。

（2）讲述自己的奋斗故事，寻找自身优秀特质。

（3）展望未来生活，为职业角色确定目标和意义。

2. 团体性质：单次结构式团体

3. 团体时间：90分钟

4. 场地情况：室内

5. 团体成员特征分析

全面了解团体成员特征对实现团体目标具有重要意义，任何团体辅导前都要做好团体成员特征的分析，具体内容包括人员信息、岗位性质、身心状态三个方面。

6. 方案设计（见表2-1）

表2-1

阶段	时间	活动名称	目标	所需材料与道具
热身	15分钟	神秘礼物	彼此熟悉	彩虹卡
工作阶段	30分钟	守初心	回顾初心、探索自我积极心理品质	红花卡、茅根、彩笔、红布、彩色纱巾、黏土、彩纸
	25分钟	担使命	凝聚团体力量	
结束	10分钟	共创美好	增强人际交互	

7. 实施过程（见表2-2）

表2-2

活动	具体操作	分享讨论	备注（注意事项）
神秘礼物＋介绍	①引导参观者进入团体辅导教室并入座。②抽取彩虹卡，卡片的语言是今天送给成员的	成员向团体介绍自己，并把卡片中自己收到的"礼物"送给大家	对卡片内容进行筛选，筛选内容原则：积极正向、深浅适度，对团体的

续表

活动	具体操作	分享讨论	备注（注意事项）
神秘礼物+介绍	祝福和礼物（等待后面成员到齐）。③自我介绍，对成员表达欢迎和邀请		主题、团体的过程有帮助
守初心	①将团体分成5~8人的小组。②引导成员回忆自己的职业生涯	①是什么让您想加入党组织？②您是哪一年加入了党组织，当时发生了什么？经谁介绍？（事件、时间、人物关系）③您觉得自己身上的哪些优点让您成为了党员？④您现在的工作是什么？对自己在工作上满意的地方有哪些？在工作中是否有遗憾？对自己的期待是什么	①教官的自我暴露非常重要。②反复澄清规则
担使命	①下面我们要进行一个创作。②教室里面的任何材料都可以用来创作。③您最期待自己未来在工作中是什么样子，您可以用任意的材料把它创作出来，可以先去看看那些卡片，可以自己动手去涂鸦，可以用茅根编织，可以用黏土进行揉捏，也可以选择多种材料进行组合。	①这个作品是未来工作中的您，它像什么，未来希望的自己是什么样子？②看到这整幅作品中还有其他的作品，让您感觉到什么？③在对整体作品欣赏中，如何看待自己的作品	①创作材料教官需要示范。②要给予创作一定的时间，允许成员思考、观察思考后进行创作体验。③90分钟的团体，表达性创作的难度尽量降低，规则尽量简化

续表

活动	具体操作	分享讨论	备注（注意事项）
担使命	④把您的作品放在这张红布上。 ⑤看看您的作品在这里是否合适，您可以挪动，但只可以挪动自己的作品，不要挪动其他人的作品		
共创美好	①把您的作品介绍给其他伙伴，并向大家分享您为什么创作这个作品。 ②说一句最想对自己说的话送给自己。 ③说一句最想对团体说的话送给大家。 ④教官总结，致谢，结束团体心理辅导	无	对情感投入过多者，给予关注和干预

方案2：悟初心，担使命

1. 团体目标

（1）感受个体在团队中的独特作用、增强自信。

（2）体会协作的意义，增强团队凝聚力。

2. 团体性质：教育团体，单次结构式

3. 团体时间：90分钟

4. 场地情况：室内，便携式沙盘，椅子、白板或白纸及笔

5. 团体成员特征分析

全面了解团体成员特征对实现团体目标具有重要意义，任何团体辅导前都要做好团体成员特征的分析，具体内容包括人员信

息、岗位性质、身心状态三个方面。

6. 方案设计（见表 2-3）

表 2-3

阶段	时间	活动名称	目标	所需材料与道具
热身分组	10 分钟	无声排队 + 按摩操	活跃气氛，引入主题	
过渡	10 分钟	创建组名、口号	小组内破冰	大白板或大白纸，画笔
	5 分钟	摸沙	沉淀情绪，为进入工作阶段做准备	便携式沙盘，音乐
工作阶段	50 分钟	①个体沙具选择；②围绕岗位工作，创建沙盘	①通过分享个体沙具选择的过程，提升自我认知；②通过创建工作沙盘，感受自身不可或缺的价值，感受团队力量	便携式沙盘、沙具
总结	10 分钟	沙盘呈现分享	通过分享工作沙盘，感受自我教育、自我激励的作用	与作品、小组旗帜合影
结束	5 分钟	大组分享	参与收获分享	

7. 实施过程（见表 2-4）

表 2-4

活动	具体操作	分享讨论	备注（注意事项）
无声排队	①按照身高、出生年月日、入党时间（参加工作时间）排队；②按摩操	分组前，可随机选 2~3 位成员进行感受分享	

续表

活动	具体操作	分享讨论	备注（注意事项）
小组破冰	①根据人数1~3报数分组； ②讨论小组组名及口号； ③呈现在白纸或白板上，选出一名小组成员代表本组进行展示		
个体沙具选取	①摸沙； ②选择自己喜爱的一个或者一组沙具	①摸沙带给您的感受是什么？ ②选择沙具的过程是怎样的？您手中的沙具在哪些方面吸引着您	
集体沙盘创建	①静心再次感受沙，将自己选择的沙具放入沙盘中； ②结合目前的工作岗位，集体创建沙盘。规则如下： ·提前在小组内商定好顺序； ·按照首尾顺序依次选择沙具，并放入沙盘； ·视时间分为5~10轮。 ③最后一轮，最后的小组成员可调整沙盘	第一轮 ①选择沙具的时候，您有何想法？等待别人选择沙具的时候，您有何感受？ ②摆放沙具的时候，您有何想法？等待别人摆放沙具的时候，您有何感受？ ③在活动过程中，哪个环节使您印象深刻？有何感受？ ④如果您是小组最后一名成员，您想怎样调整沙盘？ 第二轮 ⑤经过小组成员的努力，最后呈现出的是一幅集体作品。请在小组内讨论本组作品呈现的内容，并为其命名	①保持安静； ②每轮每人只有一次机会，或者摆放沙具，或者扒沙，或者拢沙，或者调整其中的沙具位置，不能同时出现两种动作； ③在挑选、摆放沙具时，随心而动，没有好坏、对错之分； ④沙具每次选1个或相同种类的一组； ⑤不能将沙盘中的沙具移除

续表

活动	具体操作	分享讨论	备注（注意事项）
作品呈现	①每组选出一名成员代表本组进行小组最终作品的分享呈现；②小组合影		
总结回顾	①回到大组，静默1分钟，回顾整个活动过程；②每位成员进行一句话的分享，结束		

方案3：走信任之旅，聚心灵之力

1. 团体目标

（1）了解自己，做自己事业生涯的舵手。

（2）理解他人，团结一心，增强团队凝聚力。

2. 团体性质：教育团体，单次结构式

3. 团体时间：120分钟

4. 场地情况：室内，无桌，有可以移动的椅子或垫子

5. 团体成员特征分析

全面了解团体成员特征对实现团体目标具有重要意义，任何团体辅导前都要做好团体成员特征的分析，具体内容包括人员信息、岗位性质、身心状态三个方面。

6. 方案设计（见表 2-5）

表 2-5

阶段	时间	活动名称	目标	所需材料与道具
暖场	10 分钟	点亮心境	集中成员注意力，增强舒适感	无
过渡	10 分钟	智慧传球	通过团队协作，充分体验齐心协力完成任务的成就感	6~8 个乒乓球
过渡	10 分钟	团队按摩操	增强肢体接触，让团队更融合、信任	便携式音箱
工作阶段	80 分钟	信任之旅	体验相互之间的信任和感激，团队凝聚力再增强	眼罩、障碍物
结束	10 分钟	大团圆	延续信任的温度，让凝聚的力量更持久	无

7. 实施过程（见表 2-6）

表 2-6

活动	具体操作	分享讨论	备注（注意事项）
点亮心境	音乐放松训练。以舒缓音乐为主线，用轻柔缓慢的语速代入。把握好时间		
智慧传球	①每个小组按班分开，传递 3 次。每次传递后，教官提出是否有更快的方法。②活动要求将球从第一位成员手里发出，最后按顺序回到第一位成员的手里。在传递的过程	①你们组是如何做到不断减少完成时间的？②在这个过程中，哪些人给你留下了深刻印象？③你又发现了怎样的自己	①如分组时有组别多出成员，也可征求其意见后代为计时。②每轮传递结束后，助教需要在 30 秒的讨论时间内认真观察，团队的教官、

续表

活动	具体操作	分享讨论	备注（注意事项）
智慧传球	中，每一个人都必须触及球，所花时间最少的组获胜。 ③若出现下列情况成绩加10秒： ·球掉在地上； ·计时员报成绩时出现成员喧哗。 ④计时员职责： ·负责小组的传球活动的计时工作，并把每次的成绩上报； ·监督小组活动过程是否符合规则要求		服从者、改变战术者以及关键性语句等，以便在讨论时进行有针对性地提问。 ③及时宣布不断刷新的用时记录，提示改变方法、提高速度，不断宣布产生的新方法，而不直接公布最佳方法，使各组在探索的基础上获得成功
团队按摩操	①全体成员围成一圈，向右转。 ②全体成员按照播放音乐的节奏，把自己的双手搭在前面队友的肩上，按照教官口令为队友开始按摩。 ③歌曲播放完毕，所有人向后转，告诉大家"付出终会有回报"，重复唱歌做按摩	①在感受到团体成员的捶肩揉背时，有什么样的感受？ ②在平时生活中，是否和其他成员之间也有过这种亲切的感觉	助教做示范
信任之旅	①全体成员1、2报数。 ②报1的向前两步，站到内圈，有请助教给内圈的成员每人发1个眼罩。 ③请内圈的成员把双眼蒙住，扮演"盲人"。	①采访"盲人" ·你看不见后有什么感觉？ ·你对伙伴的帮助是否满意，为什么？ ·你对自己和他人有什么新的认识？	①路线设计时应考虑安全因素，活动开始前强调安全注意事项。 ②对最后到达但坚持完成的小组，予以关注和鼓励

续表

活动	具体操作	分享讨论	备注（注意事项）
信任之旅	④在外圈的成员，作为帮助者要负责帮助"盲人"沿着指定的路线完成工作任务。 ⑤活动全程只能用肢体动作来引导，不能讲话。 ⑥角色互换，重走线路	②采访帮助者 ·你怎样理解你的伙伴？ ·你是怎样帮助他的？ ·在帮助别人的时候有怎样的感受	
大团圆	①带领大家简短回顾整个团体辅导过程和观察到的团体变化。 ②每人用一句话分享活动感受		

方案4：提升团队凝聚力

1. 团体目标：体验团队动力，提升团队凝聚力
2. 团体性质：教育团体，单次结构式
3. 团体时间：60分钟
4. 场地情况：室内，一人一把椅子，没有桌子
5. 团体成员特征分析

全面了解团体成员特征对实现团体目标具有重要意义，任何团体辅导前都要做好团体成员特征的分析，具体内容包括人员信息、岗位性质、身心状态三个方面。

6. 方案设计（见表 2-7）

表 2-7

阶段	时间	活动名称	目标	所需材料与道具
暖场	10 分钟	团队按摩操	活跃气氛，破冰	无
过渡	10 分钟	桃花朵朵开	使团体成员之间相互熟悉，产生亲近感；最后一次"开花"自然分组，为下面的活动做好准备	无
工作阶段	30 分钟	同舟共济	集思广益，团体合作，创新思维，努力尝试，依靠团体力量，克服困难，达成目的	每组一张大报纸（或其他替代物），可视为大海中的一条船，每组 8 人
结束	10 分钟	神奇圆圈	通过身体的接触带来温暖和力量，使成员在结束前肯定团体的团结，体验我们在一起的感受，获得支持与信心	无

7. 实施过程（见表 2-8）

表 2-8

活动	具体操作	分享讨论	备注（注意事项）
团队按摩操	①全体成员站立围成一个圈，同时向右转，每个人将双手搭在前方人员的肩上，集体开始小步向前走。 ②邀请大家跟着教官的指令说话并做动作：揉揉你的肩，好硬的肩；捶捶你的背，好厚的背！	①在感受到团体成员的捶肩揉背时，有什么样的感受？ ②在平时生活中，是否和其他成员之间也有这种亲切的感觉	助教作示范

续表

活动	具体操作	分享讨论	备注（注意事项）
团队按摩操	重复3遍至5遍。 ③向后转，重复上述动作		
桃花朵朵开	①介绍规则：教官说"桃花开、桃花开、桃花朵朵开"，团体成员回应"开几朵，开几朵"，然后按照教官指令的数量围成一个圆圈，互相做自我介绍。 ②没开成花的同志做"三生有幸"的介绍（姓名、部门、擅长，认识我是大家三生有幸）	①活动中你观察到了什么？你是怎么做的？策略是什么？ ②你是主动者还是配合者，把别的成员吸引过来还是参与进去？ ③有什么感悟与收获？ ④没有开成花有什么感觉	最后一个数分组 ·引导方向： ·奉献精神； ·合作意识； ·预案重要； ·接纳心态等
同舟共济	小组成员共同站在一张逐渐变小的纸上，代表同舟共济逃离危险。强调：全体成员同时站在船上，一个也不能少，必须同生死共命运。然后，让成员们想方设法使团体成员同时登上船。行动之前，团体可以充分讨论，拿出最佳方案。常常会出现成员同心协力，集思广益，人拉人、人背人、叠罗汉等各种方法，体现团体的合作	①我们怎么办到的？在过程中听到了什么？观察到了什么？有何感受？ ②在生活中有无类似感受？从过程中你学到什么	助教观察典型行为

续表

活动	具体操作	分享讨论	备注（注意事项）
神奇圆圈	①每人一句话或一个词逐一分享感受或体会。②左右手组成同心圆。③拍照		教官强化与目标一致的分享内容

方案5：携手共进，不忘初心

1. 团体目标

（1）缓解民警压力。

（2）调适心态，提高民警的职业认同感和荣誉感。

（3）赋能，进一步鼓舞士气，凝心聚力，激发民警以最佳的精神状态投入到各项工作中。

2. 团体性质：教育团体，单次结构式团体

3. 团体时间：90分钟

4. 场地情况：室内，按照人数摆U形座椅

5. 团体成员特征分析

全面了解团体成员特征对实现团体目标具有重要意义，任何团体辅导前都要做好团体成员特征的分析，具体内容包括人员信息、岗位性质、身心状态三个方面。

6. 方案设计（见表2-9）

表 2-9

阶段	时间	活动名称	目标	所需材料与道具
开场	5分钟	开场语	介绍活动主题、团辅设置	
暖场	15分钟	吹响集结号	活跃气氛，增加相互认识及情感联结	
过渡	20分钟	战时加油站	通过身体接触，促进沟通了解，情感进一步升温，增进彼此间友谊，教授大家身体按摩小常识	根据各警种编写的按摩指导语
工作阶段	40分钟	认识新时代最可爱的人	认识自我，自我梳理内省方法，提升自信心；赏识他人，促进彼此间情感交流；凝聚警心	1. 彩纸若干（按照人数准备，同组人员颜色一致）； 2. 画板若干（每人1块）； 3. 彩笔若干（按照分组人数准备，够每人1支使用即可）； 4. 大幅宣纸若干（按组数准备几张）
结束	10分钟	一句话分享	参与团体辅导的收获	团旗、自己作品、合影留念

7. 实施过程（见表2-10）

表2-10

活动	具体操作	分享讨论	备注（注意事项）
开场	参与人员U形入座，教官开场指导语参考手册第一章		语言简单扼要，吸引眼球
吹响集结号	介绍规则：所有人围站一圈，教官在中间模拟指令："××，××，我是×××，现某地区发生×××，致使×××，请立即集结队伍赶赴现场。"大家反馈："几人组队，几人组队？"并按照教官指令人数抱在一起，指定1人为队长，向教官汇报"组队成功"，准备出发。各组组队完成后，教官指令："同志们，大家注意安全，出发！"各组走动起来。 ·展现自己：没有组队的成员自我介绍"三生有幸"	①采访最先组队成功人员，如何最快组队完成，组长是如何产生的？ ②采访没有组队成功人员，没有组队成功有何想法、感受？ ③采访再次没有组队成功人员，有什么想法、感受？ ④采访重复落单人员感受	①助教做示范； ②指令讲的要充满仪式感； ③健康宣教：归属感
战时加油站	参与人员围成圈，全体向右转，后面的人双手搭在前面人的肩上，在教官的指令下做四个动作： ①捏一捏。双手捏一捏前面人的双肩； ②拍一拍。双手拍前面	①在伙伴给自己捶肩揉背时，有什么样的感受？ ②在平时的生活中，是否和大家也有这种亲切的互动？ ③边按摩，边听到感谢自己的话有什么感受	①助教参与活动； ②教官要声音洪亮，有激情。 ·健康宣教： A 身体接触情感体验最为深刻； B 良好的社会支持系统是压力的缓冲剂

续表

活动	具体操作	分享讨论	备注（注意事项）
战时加油站	人的双肩及后背； ③捶一捶。双手成拳，轻捶前面人的双肩和后背； ④切一切。双手呈刀状，切击前面人的双肩和后背，大家练习两遍。按摩的同时，教官可要求成员复述激励的话语		
认识新时代最可爱的人	给小组 10 分钟，创作一张本小组的自画像。 ①分组：让每个人选择喜欢的彩纸，分成 4 个组，彩纸按人数均分准备； ②画画并在小组内分享； ③大家依次将手中的纸向左传递，写优点或祝福语； ④发大纸创作本组作品	绘画作品分享： ①自己的姓名； ②画出你在工作中的形象； ③写出自己专属的 3 个优点； ④写或画出自己认为最值得纪念的克服困难的事件； ⑤写出最想对自己说的一句话。 祝福语分享： ①写出他 3 个你认为最中肯的优点； ②写一句对他的祝福语或最想说的感谢语； 小组作品分享： ①每人将自己觉得自己最突出的一个优点写在大纸上； ②写一句祝福本单位、本集体的寄语；	①教官对每个发言的伙伴给予积极回应； ②鼓励大家表达真实的感受； ③适时给予积极正面引导，引用发言者自己的语言； ④当其他人有正面回应时及时强化

续表

活动	具体操作	分享讨论	备注（注意事项）
认识新时代最可爱的人		③小组的名字； ④小组的口号； ⑤能代表小组特点的造型	
总结回顾	每人一句话或一个词分享感受或体会		①给予积极回应； ②成员定位在此时此刻良好感受中

方案6：相亲相爱一家人（多次活动方案）

1. 团体目标

（1）强化自我认知，正确认识自己。

（2）体验团队动力，培养团队协作。

（3）感悟人际沟通，学会和谐相处。

（4）拥有快乐心态，发掘自我潜能。

2. 团体性质：4次结构式

3. 团体时间：每场120分钟，每周1场共进行4场

4. 场地情况：室内，一人一把椅子，没有桌子

5. 团体成员特征分析

全面了解团体成员特征对实现团体目标具有重要意义，任何团体辅导前都要做好团体成员特征的分析，具体内容包括人员信息、岗位性质、身心状态三个方面。

6. 方案设计

第一次：建立关系（见表2-11）

表 2-11

阶段	时间	活动名称	目标	所需材料与道具
暖场	10 分钟	潜能无限	发掘潜能、增强自信	每人一张白纸
过渡	10 分钟	撕纸	认识潜能的巨大,进一步增强自信	无
	15 分钟	马兰花开	活跃气氛、分组。体会在人际交往中主动、开放的意义	无
	15 分钟	小鸡变凤凰	活跃气氛,提高成员的应变能力和思考能力	无
	10 分钟	揉肩捶背	肌肉放松、增加亲近感	无
工作阶段	40 分钟	心有千千结	强化集体意识和合作精神	无
结束	20 分钟	神奇圆圈	感受团队凝聚力和归属感	无

第二次：提升个体开放度（见表 2-12）

表 2-12

阶段	时间	活动名称	目标	所需材料与道具
暖场	10 分钟	目光炯炯	自我肯定、提升自信心	每人一张白纸
过渡	10 分钟	照镜子	观察他人非言语信息	
工作阶段	50 分钟	团队规范树	建立团队,制定规则,明确个人在团体中的定位,建立团体归属感,体会沟通技巧	板、纸、笔各 4 套或 5 套
	15 分钟	守护天使	通过别人的观察了解自己,体验被关注、被尊重的感觉,增强自信	便笺纸条 60 份

续表

阶段	时间	活动名称	目标	所需材料与道具
结束	15分钟	想象放松	学习自我放松的技巧	想象放松的音乐和播放设备
	20分钟	神奇圆圈	感受团队凝聚力和归属感	团体成员自评量表60份

第三次：增强团队凝聚力（见表2-13）

表2-13

阶段	时间	活动名称	目标	所需材料与道具
暖场	10分钟	资产重组	消除陌生感、活跃气氛	
	10分钟	"生命之河"手语操	建立关系，活跃气氛	"生命之河"歌曲和播放设备
工作阶段	60分钟	信任之旅	建立及加强信任感	眼罩和障碍物（桌椅）
结束	15分钟	想象放松	学习自我放松的技巧	想象放松的音乐和播放设备
	20分钟	神奇圆圈	感受团队凝聚力和归属感	
	5分钟	同心圆	增强团队凝聚力	团体成员自评量表60份

第四次：增强团队凝聚力、团体辅导结束（见表2-14）

表2-14

阶段	时间	活动名称	目标	所需材料与道具
暖场	10分钟	"生命之河"手语操	建立关系，活跃气氛	"生命之河"歌曲和播放设备
过渡	10分钟	哼哼哈	加强情感链接，活跃气氛	
工作阶段	60分钟	天使揭秘	体验积极关注，增强自信，加深情感	眼罩和障碍物（桌椅）

续表

阶段	时间	活动名称	目标	所需材料与道具
结束	35 分钟	寄语和希望	处理离别情绪，给予彼此反馈和祝福，珍藏团体心理辅导的收获	白板和彩色便签纸
	5 分钟	同心圆	增强团队凝聚力	我的感受自评量表 60 份

7. 实施过程

第一次：建立关系（见表 2-15）

表 2-15

活动名称	具体操作	分享讨论	备注（注意事项）
潜能无限	在活动开始前，请大家预测 1 分钟内能够击掌多少次？计时 1 分钟记录真实击掌次数，对比差异分享感受	①在活动中是怎么做的，有什么感受？ ②本活动的主旨是什么？ ③如何将其应用到日常生活中去	①助教作示范； ②适应性练习后再正式开始； ③健康宣教：认识潜能
撕纸	给所有人员发 1 张纸，请大家闭上眼睛按照教官指令将纸对折 2 次后撕掉右上角和左下角；睁开眼睛，把手中的纸展开与他人的对比不同。要求成员全程不讲话、不提问，如果有问题等结束之后再提	①请大家思考同样指令结果不同的原因？ ②与日常工作的联系？ ③对你的启发	宣教知识点： ①单向沟通的误差。 ②信息漏斗现象。 ③接纳个体差异性。 ④充分尊重

续表

活动名称	具体操作	分享讨论	备注（注意事项）
马兰花开	请大家手拉手围成一个圈，选出人站在中间；教官指令："马兰花，马兰花，风吹雨打都不怕，请你马上就开花。"参与人员问："开几朵？开几朵？"然后，按照教官的指令数，几人抱在一起，做自我介绍（包括姓名、单位、爱好、特长）。注意每次尽量和不认识的人抱在一起。没有抱成团的人，做自我介绍后入组。最后一次，要求至少有一个花瓣是男士，并成为一个活动小组	①在活动中是怎么做的，有什么感受？②本活动的主旨是什么？③通过游戏你和其他成员之间的关系是否变得亲密了	健康宣教：归属感
小鸡变凤凰	①让所有人都蹲下，扮演鸡蛋。②相互找同伴猜拳，或者其他一切可以决出胜负的游戏（由成员自己决定），获胜者进化为小鸡，可以站起来。③然后小鸡和小鸡猜拳，获胜者进化为凤凰，输者退化为鸡蛋；鸡蛋和鸡蛋猜拳，获胜者才能再进化为小鸡。④继续游戏，直到大部分人都进化为凤凰为止。	①本活动的主旨是什么？②通过做游戏，你和其他成员之间的关系是否变得亲密了	健康宣教：①如何面对挫折？②成功的原因。③社会支持系统的重要性

续表

活动名称	具体操作	分享讨论	备注（注意事项）
小鸡变凤凰	⑤最后没有进化成凤凰的做10个蹲起		
揉肩捶背	①全体成员站立围成一个圈，同时向右转，每个人将双手搭在前方人员的肩上。 ②所有人小步前行，同时为前面的同志按摩，并说：揉揉你的肩，好硬的肩；捶捶你的背，好厚的背。 ③反向相同按摩。 ④分享感受	①在感受到团体成员的捶肩揉背时，有什么样的感受？ ②在平时的生活中，是否和其他成员之间也有这种亲切的感觉	健康宣教：身体接触是最深的情感体验
心有千千结	①小组人员手拉手围成圆圈，提醒留意两边的同志是谁。 ②指令大家在圈内自由走动，但不要离开小组的范围。 ③大家走乱顺序后指令"停"，参与人员请原地停下，保持姿势不动。 ④指令大家伸出左手去拉住原来站在左边的人，再伸出右手拉住原来站在右边的人，恢复原来的圈。 ⑤分享感受	①在活动中是怎么做的，有什么感受？ ②本活动的主旨是什么	健康宣教： 合作意识； 人际沟通； 个人与集体的关系
总结回顾	每个人用一句话或一个词分享感受或体会		教官要强化与目标一致的内容

第二次：提升个体开放度（见表2-16）

表 2-16

活动名称	具体操作	分享讨论	备注（注意事项）
目光炯炯	①团体成员两人一组，互相注视对方眼睛50秒。 ②逐一做1分钟自我介绍，要求内容是对方以前不了解的。 ③自我肯定："我最擅长××（画画、骑行、健身、做饭）"，大声说3遍，注意每遍的感受，一方说完3遍后与成员交换角色，另一方说3遍。 ④请对方借钱给自己，要求是1分钟之内用各种方法请求，另一方看着对方重复说"不"，1分钟后两人交换。 ⑤分享感受	注视对方的感受； 自我肯定的感受； 借钱的感受； 被拒绝的感受； 拒绝的感受； 与日常生活的联系； 你的启发	健康宣教： 自我意识； 自尊的影响因素； 拒绝的能力
照镜子	①自由组合成两人一组，一人自由做动作，另一人模仿，过程中不可说话，用心体会对方用意。 ②2分钟后停止，互相交流，理解是否准确。 ③交换角色，重复上面的流程。 ④分享感受	在活动中你观察和体验到了什么？ 你有哪些感悟？ 与日常工作和生活有什么联系	提示：不批评、不分析、不攻击，只谈感受。引导者给予适当的反馈。 健康宣教：沟通的非语言信息的重要性

续表

活动名称	具体操作	分享讨论	备注（注意事项）
团队规范树	①根据"我—们—是——家"或者"我—爱—你—们"，来分配4个或5个小分队，小分队成员围坐在一起。 ②在15分钟内，选出队长、队名、队呼、队歌和队形。 ③各小分队队长自我介绍，并牵头小分队集体展示队名、队呼、队歌和队形。 ④队形拍照。 ⑤分享	小分队完成任务的过程； 带给你的感受； 有什么体会	活跃气氛，体会在人际交往中的积极主动的作用，促进在团体中进一步开放自己，并分成小组
守护天使	①介绍规则：在这个活动中，我们每个人都是天使，同时也会成为被守护者。也就是说，每个人有2个角色的任务：一是天使角色，默默地、悄悄地去守护你的被守护者，不被其发现；二是被守护者角色，要去努力观察找出自己的天使。这个活动一直持续到我们下一次团体心理辅导时的天使揭秘环节。大家注意观察自己的天使的优点，并判断自己的守护者是谁。		健康宣教： 积极关注的意义

续表

活动名称	具体操作	分享讨论	备注（注意事项）
守护天使	②每人发一张纸条，请大家在纸条上写上自己的名字，对折后放在暗箱中。 ③每人随机抓一个纸条，纸条上的名字就是你要守护的对象，不要告诉他人。如果有人抓到自己的名字，请大家将纸条重新折好放回重抓，直到每个人抓到纸条上的名字都不是自己为止		
想象放松	略	活动中你观察和体验到了什么？你有哪些感悟？有什么成长与收获	语气轻柔缓慢
神奇圆圈	①每个人一句话或一个词分享感受或体会。 ②拍照。 ③结束后发放"团体成员自评量表"，请大家协助填写		教官强化与目标一致的分享

第三次：增强团队凝聚力（见表2-17）

表 2-17

活动名称	具体操作	分享讨论	备注（注意事项）
资产重组	①介绍规则：男生"两块钱"，女生"一块钱"（根据男女成员的不同比例灵活设置）。②教官指令钱数，成员组成相应的数字。③没组成符合要求的数字的成员继续组合，直到剩下4~5人为止	①在游戏的过程中，你是否能成为中心，把别的成员吸引过来？②没有进入组合后，有什么感觉	注意钱数和男女比例的关系。健康宣教：归属感
"生命之河"手语操	播放音乐，带领大家做手语操，先做2遍示范	问一下有没有人回去做了。如果有人做了，请讲一下是什么时候、什么情况，和谁一起做的，做完之后有什么感受	
盲行	①2人一组，一位扮演"盲人"，一位扮演帮助者，帮助者为"聋哑人"。②"盲人"蒙上眼睛原地转3圈，暂时失去方向感，然后在帮助者的搀扶下，沿着指定路线进行活动，其间只能用动作指导，不能讲话。③"盲人"体验各种感觉，活动结束后与帮助者进行交流。④彼此互换角色，再进行一次	对于"盲人"，主要问题是：①你看不见后有什么感觉？②你对伙伴的帮助是否满意，为什么？③你对自己和他人有什么新的认识？④若再有一次机会，你们还可以加强些什么？对于帮助者，主要问题是：①你怎样理解你的伙伴？②你是怎样帮助他的？③在帮助别人的时候，	注意场地安全。健康宣教：社会支持系统的力量

续表

活动名称	具体操作	分享讨论	备注（注意事项）
盲行		你有怎样的感受？ ④若再有一次机会，你们还可以加强些什么	
想象放松	略		语气轻柔缓慢
神奇圆圈	每个人用一句话或一个词分享感受或体会		教官强化与目标一致的内容
同心圆	左右手组成同心圆，齐呼"感谢团队，感谢队友，一起努力，加油，加油，加油！" 拍照结束后发放"团体成员自评量表"，请大家协助填写		

第四次：增强团队凝聚力、团体辅导结束（见表2-18）

表2-18

活动名称	具体操作	分享讨论	备注（注意事项）
"生命之河"手语操	播放音乐，带领大家做手语操，先做2遍示范	邀请做过的人分享过程和感受	
哼哼哈	①全体成员围成一个圈，每人依次用动作介绍自己，要求动作不重样。 ②开始团队合作，每组动作共3个，前两个动	刚才活动的感受及体会。如何与日常生活联系	

续表

活动名称	具体操作	分享讨论	备注（注意事项）
哼哼哈	作是双手拍大腿，同时"哼、哼"两下，后一个动作是拍手同时"哈"一下，要求全体节奏要一致。 ③熟悉两圈之后，我们开始带入代表自己的动作，就是"哈"时不再拍手，选一个人开始，第一个"哈"，他做代表自己的动作；第二个"哈"，他做代表另一队友的动作，这个可以随意指向；第三个"哈"，被指到的队友做代表自己的动作；第四个"哈"，被指到的队友做代表另一队友的动作，依旧是随机指定。被选定的人在两组动作中分别做代表自己和指向另一人的动作		
天使揭秘	①每名成员分别在一张便签纸上写下自己被守护者的名字，大家同时打开，和自己的天使相认、互送礼物。 ②由队长组织，逐一分享和天使相处这段时间的点滴和感受，每人2分钟，共20分钟。	刚才活动的感受及体会。如何将其应用到日常生活中	

续表

活动名称	具体操作	分享讨论	备注（注意事项）
天使揭秘	③每队派出两名代表，分享本队的感受和体会		
寄语和希望	①每名成员分别在一张便签纸上写下寄语和希望，贴在准备好的白板上。②将祝福一一念出		
同心圆	①左右手组成同心圆，齐呼"感谢团队，感谢队友，一起努力，加油，加油，加油！"②拍照。③结束后发放"我的感受"，请大家协助填写		

第三章
情绪调节团体心理辅导工作

第一节　情绪产生机制

情绪是一种普遍的、对外部刺激事件的功能性反应,它能够暂时地整合个体的生理、感受、认知和行为,以便促进对当前情境作出一种增强适应性、塑造环境的回应(见图3-1)。

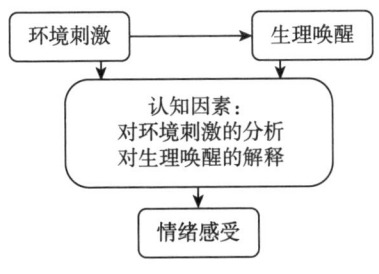

图3-1　情绪唤醒模型

情绪归因理论认为，情绪是生理唤醒、认知因素和外界环境因素在大脑整合的产物。就个体而言，情绪的产生取决于以下两个主要因素：

一、生理唤醒

生理唤醒是个体的神经系统感受到外部环境变化后对体内各种功能进行的一系列调整，使身体能够更好地适应环境的变化。当遭遇环境刺激时，个体会出现心率和呼吸加快、口干（唾液分泌减少）、颤抖（肌肉紧张）等一系列的生理反应。这种生理反应可以出现在任何一种情绪状态中，是一种"未分化"的反应模式。

生理唤醒的状态是为了让个体更有效地应对环境变化，但如果长期处于生理唤醒状态之中，则可能引发各类身心疾病。

二、认知因素

当个体感受到自身出现了异常的生理变化后，会根据所处情境对这种生理变化作出解释，即回答"我为什么会出现这种反应"，以及"这是一种怎样的反应"这两个问题。这个将"未分化"的生理唤醒识别为特定情绪的过程，就是认知因素对情绪的决定性影响，心理学中将这一过程称为对情绪的归因。

人们对同一事件可以作出不同的解释，会引发不同的情绪。因此，通过调整个体的认知因素改变个体对事件的评价，能够起到缓解或改善不良情绪的效果。

第二节 情绪调节团体心理辅导的工作要点

情绪是每个人都会产生的一种正常的心理过程,一般情况下,情绪具有调动身体机能、增强适应能力的作用。积极的情绪有利于提高个人的活动效率和能力,促进身心健康。只有消极情绪长期积累,才会对人的身心健康和工作能力造成不良影响。

因此,带领者在开展情绪调节团体辅导时,应将工作目标定位为帮助团体成员宣泄长期积累的消极情绪,发现适当的情绪管理方法,保持相对积极平和的心境。

团体心理辅导为团体成员营造了相对安全放松的氛围,有利于表达和宣泄情绪。在团体心理辅导中,大家互相倾听、陪伴,为彼此提供强有力的理解和支持。同时,在互动和讨论过程中,大家彼此交流新的模式和视角,在团体教官的引导下,可以学习到更加积极有效的情绪管理方法。

由于认知因素在情绪感受中的决定性作用,心理教官在设计或开展情绪调节的团体心理辅导训练时,应主要从认知因素入手,提升团体成员的情绪调节能力。

一、帮助民警理解认识情绪,消除对情绪的误解

公安工作要求民警在岗位上长时间保持理性状态。心理教官应在团体心理辅导工作中,帮助民警了解情绪的积极作用,体验适当情绪表达后身心的放松感,消除其对情绪本身的错误认知,

了解情绪的不同表现形式，为情绪的调节和改善打下基础。

二、帮助民警有效识别情绪，接纳自我和他人

处理情绪首先要能够辨识情绪。心理教官应在团体辅导活动中，帮助团体成员通过自我观察来识别自身既往的不良情绪状态，并引导其反思激发自身不良情绪状态的原因，找到共性因素以及隐藏其后的不合理认知。

三、帮助民警科学调适情绪，保持良好的职业状态

情绪调节一般可分为"情境关注""认知关注""反应关注"三种方式。由于民警职业情境大多无法改变或回避，心理教官在团体心理辅导工作中，应重点帮助民警掌握"认知关注"和"反应关注"方法。

1. 认知关注

认知关注适用于长期积累的不良情绪调节。心理教官可通过以下方式在活动中帮助团体成员调整其看待事物的方式。

（1）注意控制：帮助团体成员将注意力从可能会诱发不良情绪的想法中转移开，暂时放下令人不愉快的事件，而不是无意识地否认事件的存在。

（2）认知重评：帮助团体成员换一个真实而积极的视角来思考问题，进而改善不良情绪。

2. 反应关注

反应关注适用于由突发事件引发的应激状态缓解。心理教官可通过以下方式，在活动中改变团体成员在应激状态下的情绪反应来缓解其生理唤起和情绪感受。

（1）表达感受：引导团体成员在团体中表达或写下一些极度令人不快的体验及其相关的深层的想法和感受，用符合职业要求和社会秩序的方式宣泄情绪。

（2）放松训练：通过放松等训练，帮助团体成员降低面对突发的紧张和交感神经系统活动，降低肌肉紧张度和自主唤醒水平。

第三节 情绪调节团体心理辅导的设计思路与注意事项

一、情绪调节团体心理辅导的设计思路（见图3-2）

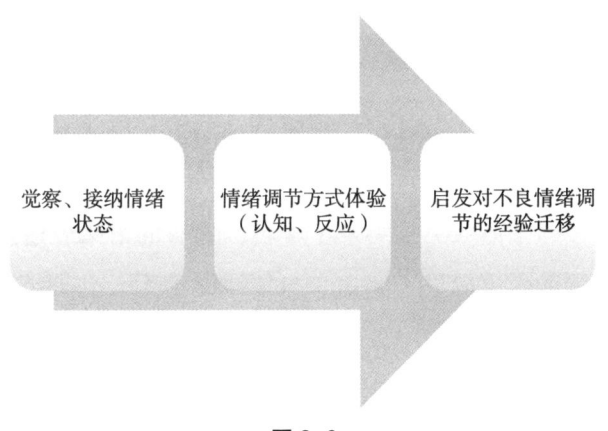

图3-2

二、情绪调节团体心理辅导的注意事项

第一，强调不良情绪状态的"普同性"。

第二，鼓励成员接纳、分享自己的情绪状态。

第三，引导关注放松训练后的情绪体验与反思。

第四，引导关注积极的认知和思维方式。

第四节　情绪调节团体心理辅导的参考活动

心理教官可根据团体心理辅导目的和团体成员的特点选取适当的活动。

活动1：我的心情故事

1. 活动目的

（1）帮助团体成员认识、理解情绪的意义并学会觉察自己的情绪。

（2）帮助团体成员接纳及了解自己惯有的情绪表达方式。

（3）帮助团体成员了解信念与情绪的关系，并训练成员使用合理信念来管理情绪。

（4）帮助团体成员学会以适当的方式表达、调节情绪，构建愉悦心情。

2. 活动设置

（1）活动时间：40分钟。

（2）活动道具：每人 1 张纸、1 支笔。

（3）活动场地：室内。

3. 活动过程

（1）分组：将成员分为 6~8 人一组，最多 10 人一组。

（2）每人 1 支笔和 1 张纸，写下自己感受最深、印象最深刻的心情故事或目前生活中的烦恼与麻烦；或是近期令你情绪波动最大的一件事（开心、不开心的均可）；或是完成句子"每当我心情好的时候，我会觉得""每当我心情不好的时候，我会觉得"。

（3）成员不记名地将完成的小纸条放到团体中央。

（4）邀请团体成员依序随机抽出一张纸条并念出内容，大家共同分享自我的感受、想法、体会或讨论解决的策略。

4. 注意事项

（1）在要求团体成员填写句子或写故事之前，应给予样例，避免对问题理解不当。

（2）在团体成员讨论分享前，需说明"非评价"原则。

5. 回顾总结

情绪管理是我们日常生活中一项重要的能力。面对各种突发性事件，每个人对它们的看法千差万别。一些人喜欢从积极正向的角度去看问题，从而有信心去解决并继续好好地生活；而另一些人则倾向于把一切事情都看得很糟，从而无端地给自己造成很多情绪困扰。我们每个人都希望自己每一天都快乐地生活，因此有必要学习怎样管理和调整情绪，并养成积极正向思考、为事情积极赋义的习惯。

活动 2：情绪训练

1. 活动目的

（1）认识情绪背后的信念和深层心理需要。

（2）学会恰当的情绪表达方式和沟通技巧。

（3）引导从积极的视角看待事情和处理问题。

2. 活动设置

（1）活动时间：40 分钟。

（2）活动道具：油画棒/水彩笔、A4 纸、蓝牙音箱、各种颜色的布或丝巾。

（3）活动场地：室内。

3. 活动过程

（1）绘画：在音乐中，画一次记忆中深刻的情绪事件。

（2）小组分享：请团体成员逐一分享自己所描画的情绪事件，发生了什么，有什么感受和体会。

（3）角色扮演。

①演绎重现。在小组内所有成员分享后，每个小组推荐一个大家最感兴趣、最想了解或演绎的事件/故事/剧本，进行角色扮演、情景重现。其他成员观看。要求：A. 剧情需要演绎出两个版本，即一个是过去发生的版本；另一个是主角（当事人）运用"情绪表达四部曲"[①] 表达技术改善后的台词版本。B. 通过情绪表达、情绪实景案例展现，对比凸显差异性。C. 保持安静、认真观看。

---

① 情绪表达四部曲：客观事实+主体感受+认知原因+未来期待。

②技术植入：表达性技术。

（4）表演结束：登台谢幕。

（5）讨论与分享。

一是提问：

①你察觉到自己和他人的情绪了吗？

②通过情绪情景重现，给你带来了什么启发？

③你观察到什么情绪？

④你感受到什么情绪？

二是思考：

有什么是我可以从中学习、成长和改变的？

4. 注意事项

（1）在活动过程第一步中：注意引导绘画的指导语，需要结合现场氛围、成员创造力进行深入性引导。音乐的选择也需要用心准备，尽量选择没有歌词且能引发回忆思考的轻音乐，从而进一步提高参与者的投入度。

（2）在活动过程第二步中：小组分享情绪事件环节，坚持自愿原则，不要强迫分享。教官可以结合现场实际情况，作如下提示，对于自己分享的"画中发生的事件"，如果不愿意分享，可选择用含蓄的方式"艺术性"或"修饰性"描述，也可以选择不描述，只谈画这幅画时的感受和画完之后看这幅画的感受。

（3）在活动过程第三步中：一是教官在过渡环节提前教授参与者学习正确的表达技术，为主体活动作铺垫。二是小组中选择演绎的剧本，需要征求当事人同意。三是主角可以是当事人，也可以由当事人指定他人扮演。四是在剧本的编排上，当事人应充当"导演"角色去安排人员、介绍剧情、回溯台词对话等细节。

（4）在活动过程第四步中：登台谢幕需要营造仪式感，如掌声、注意力和肃静。

（5）提前备好备用剧本，如果团体开放程度不够，分享涉及隐私等顾虑，可以让各个小组选择某备份剧本进行演绎。备份剧本通常也是对参与者有更多启发和引导的版本。

5. 回顾总结

（1）学会认识并接纳我们所有的情绪。情绪与生俱来，喜怒哀乐等各种情绪本身无所谓好坏，"好烦""心情不好""压力好大"……这样的感受像是一团乱麻，类似这样随意表述出的综合情绪状态，可能混有悲伤、愤怒、嫉妒和焦虑等种种情绪。第一步就是要学会认识自己处于什么情绪状态之中，并进一步接纳自己的情绪状态。

（2）积极应对各种不同的情绪。长期的情绪困扰可能给我们身心带来疾病。据统计，90%的家庭问题都是来源于情绪的不当处理。

（3）了解不同的认知产生不同的情绪，调整认知、转变认识，是缓解和改善不良情绪的制胜法宝。人生中的所有事件，都可以让我们感受快乐或悲伤，甚至可以看到，我们人生中同样的事件，对不同人来说，由于对某个事件不同的认识，都会产生不同情绪状态。

（4）管理情绪的关键核心就是学会真实、准确的情绪表达。学会用言语真实、准确地表达自己的感受，这个过程让自己更能觉察"我有什么感受""我为什么会有这些想法"，从而能够更为客观、平和地理解情绪,便于更好地调节情绪和处理情绪问题。

活动3:彩虹卡

1. 活动目的

(1)帮助团体成员寻找友谊的连接,相互支撑,积极赋能,调整心态。

(2)提升倾听领悟、同理共情、积极赋义及回馈响应的能力。

(3)帮助团体成员锚定现实体验,体会表达与沟通。

2. 活动设置

(1)活动时间:50分钟。

(2)活动道具:涟漪卡。

(3)活动场地:室内。

3. 活动过程

(1)首先将卡片图画朝上放在活动场地中间,让参与者随意走动挑选自己心仪的一张,然后结合卡片背面的文字进行讲解,说明自己为什么会选择这张卡,卡片的图画和文字让你联想到什么……

(2)让参与者利用卡片找朋友,内容可以组成故事的同伴,两两一组结成对子,彼此分享、补充,形成一个完整故事,互相交流讲述;然后自愿或者挑选精彩、典型故事在大组内分享。

(3)以小组为单位继续找朋友,形成多人的组合,继续使故事的内容像滚雪球一样,不断丰富、发展、完整……

（4）团体分享环节：

一是这个活动给了你什么启示？

二是哪个环节让你印象最深刻？

4. 注意事项

（1）在故事叙述中，鼓励自由联想、充分表达。

（2）如果触碰敏感的话题，出现不适体验，应善加引导，释放压力，积极赋能。

（3）无论出现什么故事都是参与者当下最关注、最想表达的部分，用讲故事的方式，引导情绪外化，尊重理解是最有价值的。

5. 回顾总结

心境的投射可以像镜子一样，帮我们重新认识自己、发现自己和多方面了解自己。

这次活动帮助参与者回顾了过去的经历，厘清自己的想法和情绪，并使参与者在同伴的帮助下寻求、探索解决困扰、平复情绪的方法。

活动 4：体验成败

1. 活动目的

（1）通过活动使参与者体会到成功与挫折的普遍性。

（2）接纳挫折并从中吸取教训，取得最后成功。

（3）通过活动体会竞争与合作的关系。

2. 活动设置

（1）活动时间：30 分钟。

（2）活动道具：扁带一盘。

（3）活动场地：室外或空旷的室内。

3. 活动过程

（1）将扁带围成一个圈。

（2）所有人站在圈里围成一个圆，背对圆心，拿起扁带。

（3）所有人用手紧抓扁带，在圈里面朝自己前方努力前进。

（4）团体分享环节：

一是大家向不同的方向前进时是什么感受？

二是有的人先朝自己的方向前进了几步，但又被拉回去；有的人刚开始几乎走不动，但后来经过努力也有所前进，即大家在成功和挫折之间相互转换，从成功到挫折和从挫折到成功分别是什么感受？

4. 注意事项

刚开始活动时大家可能是各顾各地前进，但在进行的过程中，有的参与者可能会巧借别人的力量来达到自己的目的，克服困难最终取胜。

5. 回顾总结

这个活动给了大家很大的启发。在平时的工作中，我们会遇到各种各样的困难，是知难而退，还是勇往直前，关键取决于个人，如果能保持良好的心态，全身心地投入，即使达不到既定目标，但你毕竟努力了、付出了，这个过程带给你的喜悦是任何语言都无法比拟的。所以，在平时的工作与生活中是否顺利、开心，不是别人给你的，而是自己去争取的。

第五节　情绪调节团体心理辅导的工作方案

心理教官队伍通过多年的工作实践，形成了一系列可供参考的工作方案。

方案 1：我的情绪我做主

1. 团体目标

（1）认识情绪的本质与意义；

（2）觉察自己的情绪及惯有的宣泄方式；

（3）建设合理信念来管理情绪；

（4）掌握适当的表达情绪的方法。

2. 团体性质：单次结构式团体

3. 团体时间：120 分钟

4. 场地情况：室内

5. 团体成员特征分析

全面了解团体成员特征对实现团体目标具有重要意义，任何团体辅导前都要做好团体成员特征的分析，具体内容包括人员信息、岗位性质、身心状态三个方面。

6. 方案设计（见表3-1）

表3-1

阶段	时间	活动名称	目标	所需材料与道具
暖场	10分钟	左抓右逃	建立团队，活跃气氛，引入主题	无
过渡	5分钟	报数分组 自我介绍	彼此认识，建立关系，选出组长	无
	25分钟	情绪猜猜猜	了解几种基本情绪及意义	无
工作阶段	40分钟	我的情绪我做主	①初步掌握自我觉察情绪；②了解情绪对身心的影响；③了解自我惯用的宣泄情绪方式；④了解信念与情绪的关系；⑤以适当方式表达情绪	每人1张纸、1支笔
结束	10分钟	总结回顾	参与团体的收获	无

7. 实施过程（见表3-2）

表3-2

活动	具体操作	分享讨论	备注（注意事项）
左抓右逃	左手手掌向下，右手伸出食指放在左边伙伴的手掌下，讲述"乌鸦与乌龟"的故事	①逃走了什么心情？被抓到什么心情？为什么？②被抓意味着什么？逃开意味着什么	①助教作示范；②适应性练习后让大家活动一下手臂，否则容易累；③故事要讲得抑扬顿挫且快，时间太长容易走神

续表

活动	具体操作	分享讨论	备注（注意事项）
分组	①根据人数 1~3 报数分组； ②小组成员自我介绍名字、爱好； ③选出组长	无	
情绪猜猜猜	①准备 6 张情绪卡片：喜、怒、哀、惧、爱、恶； ②让成员随机抽出 1 张卡片，用表情、动作等非语言信息表达卡片上所写的情绪，不能用言语表达； ③让其他的成员猜测台上的同学要表达什么	①哪种情绪最不容易表现？为什么？ ②情绪有好坏之分吗？会给身体造成哪些影响？为什么	①助教作示范； ②关注、提示大家注意不能使用语言
我的心情故事	①发给成员一人一张小纸条，写下自己感受最深、印象最深的心情故事，或是目前生活中的烦恼与麻烦； ②成员不记名地将完成的小纸条丢到团体中央； ③请成员依次抽出纸条，并念出内容，分享自我的感受与想法，或与成员一同讨论找出解决的策略	①针对纸条上的事情，你有何感受？你是如何看待和理解的？当这种情绪产生时，你的身体有何感觉？ ②如果是你遇到这样的麻烦或烦恼，你会如何处理？是否有可能发生坏事变好，好事变坏的情况？为什么会这样？ ③你生活中遇到各种情绪的时候都是如何对待和处理的	
总结回顾	每人用一句话或一个词分享体会或感受		①给予积极回应； ②成员定位在此时此刻良好感受中

方案 2：历经风雨，寻找彩虹

1. 团体目标

（1）提升识别、表达与宣泄情绪的能力；

（2）叙事觉察情绪反应模式及思维特点；

（3）促进团体成员之间的情感联结，增强团队凝聚力。

2. 团体性质：同质性、结构式、封闭工作团体

3. 团体时间：120 分钟

4. 场地情况：室内，一人一把椅子围成 U 形

5. 团体成员特征分析

全面了解团体成员特征对实现团体目标具有重要意义，任何团体辅导前都要做好团体成员特征的分析，具体内容包括人员信息、岗位性质、身心状态三个方面。

6. 方案设计（见表 3-3）

表 3-3

阶段	时间	活动名称	目标	所需材料与道具
准备	5 分钟	活动介绍	按照结构性团体要求介绍教官、讲解活动要求和规则	无
	5 分钟	问卷调查	了解参与人员构成及背景	提前印好问卷，笔
热身	20 分钟	无声排序滚雪球	建立团队，活跃气氛，增进了解	无
工作阶段	55 分钟	彩虹卡	人际互动、叙事表达	彩虹卡
结束	15 分钟	人廊	总结回顾、共创美好	无

7. 实施过程（见表3-4）

表3-4

活动	具体操作	分享讨论	备注（注意事项）
无声排序	活动过程中只允许用肢体动作进行交流，不允许进行言语对话；以身份证上的年月日为准，生日最大的在教官左手边，依次按顺序排列，最小的在教官的右手边。结束时，依次报告生日，进行核对	没有语言仍可以交流，活动中主动表达，相互促进、相互帮助，成功属于集体中的每个人	
滚雪球	现场举例，展示说明：我是来自哪里、爱好、多大年龄的某某；依次滚动，叠加信息，最后由每个组选出的组长进行汇报	活动最后一两位伙伴构成一定的压力和挑战，大家看看怎样可以帮助他记忆	
彩虹卡	①将卡片图画朝上放在活动场地中间让参与者随意走动挑选自己心仪的一张卡片；②让参与者利用卡片找朋友，内容可以连接，也可以组成故事的同伴，两两一组结成对子，彼此分享，相互补充，形成一个较为完整的故事，交流讲述；然后自愿或者挑选精彩、典型故事在大组分享；③以小组为单位继续找	①结合卡片背面的文字，说明自己为什么会选择这张卡，卡片的图画和文字让您联想到什么？②在小组内分享故事。③选择精彩、有特色的生命故事在大组分享，相互激励	要尽可能关注到特殊的个体，对情感投入过多者，给予关注和干预

续表

活动	具体操作	分享讨论	备注（注意事项）
彩虹卡	朋友，形成多人的组合，继续使故事的内容像滚雪球一样，不断丰富、发展、完整		
人廊	两两一对搭成"人廊"让民警依次从廊桥下走过，接受大家一句话祝福。团队教官手捧鲜花在"廊桥"下献花，再将花束依次传递给每一位	用心感受集体的温暖和鼓励	选用《真心英雄》作为背景音乐

方案3：情绪调节团体辅导

1. 团体目标

（1）掌握情绪管理、沟通、自我放松的技巧；

（2）提升自信心；

（3）增强团队凝聚力和职业认同感。

2. 团体性质：教育和训练性团体，单次结构式

3. 团体时间：90分钟

4. 场地情况：室内场地，一人一把椅子

5. 团体成员特征分析

全面了解团体成员特征对实现团体目标具有重要意义，任何团体辅导前都要做好团体成员特征的分析，具体内容包括人员信息、岗位性质、身心状态三个方面。

6. 方案设计（见表3-5）

表3-5

阶段	时间	活动名称	目标	所需材料与道具
开场	5分钟	介绍规则	营造轻松安全氛围	音乐
暖场	10分钟	打招呼	活跃气氛、降低防御、带入现场	无
	10分钟	我要分组 我的优点	①促进团队凝聚力； ②看到自己的优点，提升自信心； ③分组	无
	25分钟	疾风劲草	①加强团体成员之间的身心联结； ②增进团队凝聚力和信任感； ③放松身心缓解压力	无
工作阶段	40分钟	人体雕塑； stop技术； 放松技术	①感受人际沟通姿态对沟通效果及情绪的影响； ②学会现场情绪管理的技巧； ③掌握放松技术	无
结束	10分钟	小结 成员分享 手环	巩固团体的收获； 评估团体效果； 植入心锚	音乐

7. 实施过程（见表3-6）

表3-6

活动	具体操作	分享讨论	备注（注意事项）
打招呼	①报数1、2，分内外圈； ②顺时针移动内圈； ③两两相对握手问候	①与好久不见的战友握手的感受； ②你观察到的对方的反应； ③对方反应给你带来的感受	助教做示范，积极带领
我要分组	①围一圈，牵手慢走； ②教官说：我要分组； ③参与者问：几人组？ ④教官说出数字； ⑤参与者按数字抱组； ⑥没有入组的人自我介绍并说出3个优点	①落单时的感受； ②必须离开小组时的感受； ③被邀请的感受； ④观看后的感受； ⑤说出自我优点的感受	①教官要注意发现特别人和事（离开组的、被邀请的情形、没有组的表现）； ②介绍归属感； ③规则意识； ④个人赏识的意义
疾风劲草	①小组围一圈，选1人在中间保持特定姿势； ②其他人在外围保持弓步姿势、双手做接推运送准备； ③中间人问：我准备好了，你们准备好了？ ④外圈人齐声回答：准备好了； ⑤中间人后倒，外圈人接住并按顺时针依次运送中间人一圈； ⑥再换其他人，每个人至少参与一次	①后倒时的心理变化； ②被接住的感受； ③被运送的感受	①教官要示范正确姿势，并确认参与者掌握； ②中间人姿势正确，有利于运送和安全； ③外围人姿势正确有助于稳定和用力； ④教官发现典型人和事（不敢倒、做得快的、做得慢的）； ⑤体会信任和团队力量

续表

活动	具体操作	分享讨论	备注（注意事项）
人体雕塑	①找愿意配合的8人组成4对；②分别做一种雕塑；③其余人围观	①谈做每一种雕塑时的感受；②观看后的感受；③这个姿态让你想到了工作或生活中的哪个场景；④你当时的感受；⑤现在怎么看？⑥什么姿势最舒服？⑦对你的启发	①多使用复述、澄清、同感技术；②用回答者的话或词来重复；③强化大家的感受；④感悟有效沟通的关键要素：尊重的态度
stop技术	邀请两名参与者配合演示	①参与者的感受；②旁观者的感受；③让你联想到什么；④再遇到类似情况你会怎样	教官讲解应对情绪化个体的具体技巧
放松技术	①所有人围一圈；②腹式呼吸的指导语；③教官简要回顾团体过程		在放松训练过程中回顾本次活动
分享	每个人用一句话或一个词谈感受、体会		教官对与团体目标一致的词要重复、强化；最后一个人是教官或者参与的领导，作总结式发言
手环	所有人围成一圈；每个人伸出右手拇指，并让左边的人握住		找教官带领，确保同声有力齐参与

方案 4：情绪认知管理训练营

1. 团体目标

（1）认识情绪的根源；

（2）学会觉察和识别自己与他人情绪；

（3）掌握恰当表达情绪的方式、促进有效沟通；

（4）积极心态看待事情和处理问题，强化积极思维模式。

2. 团体性质：心理教育团体形式，单次结构式

3. 团体时间：120 分钟

4. 场地情况

室内，一人一把椅子，没有桌子，椅子摆成 U 字形。

5. 团体成员特征分析

全面了解团体成员特征对实现团体目标具有重要意义，任何团体辅导前都要做好团体成员特征的分析，具体内容包括人员信息、岗位性质、身心状态三个方面。

6. 方案设计（见表 3-7）

表 3-7

阶段	时间	活动名称	目标	所需材料与道具
暖场	15 分钟	动情介绍	自我介绍，彼此认识	
过渡	10 分钟	快乐的一天	认识、感受情绪	
	15 分钟	相识接龙	活跃气氛	
	30 分钟	桃花朵朵开表达技术植入	①教授表达技术；②团队分组	
工作阶段	40 分钟	情绪训练	①演练表达情绪技术；②启发情商力	水彩笔 3~5 盒、彩色丝巾等道具
结束	10 分钟	总结回顾	参与团体的收获	红花卡

7. 实施过程（见表3-8）

表3-8

活动	具体操作	分享讨论	备注（注意事项）
动情介绍	每人先用一句话介绍自己，包含两个信息：一是自己的兴趣爱好；二是做一个动作介绍自己的小名（乳名），"我是喜欢××的××"。接着全场所有人都要模仿。一边做动作，一边用小名和介绍者打招呼："你好，×××"	①在用动作介绍自己的过程中，有什么样的感受？ ②在看到全场人用代表自己的动作模仿和回应时有什么感受？ ③当听到有和自己一样兴趣和爱好的时候，你和对方是否会进行眼神交流，对对方有什么新的感受	①教官及助教先做比较生动的示范样例，增强其他成员表达多样性； ②一个人的姿势也能影响心态、引导感受日常生活中的表情、姿势，对心情产生逆作用。模仿别人的样子，可以提高我们的同理心
快乐的一天	故事接龙"××快乐的一天"，现场随机选择一位参与者，按照顺时针方向，结合自己的创意，全场共同创作一个故事。故事的内容围绕一个人从早到晚经历的一连串快乐事件	①在故事情节发展过程中，有没有感到自己的情绪被他人的情绪"传染"了？ ②分享感受，好情绪和坏心情是否都能感染其他人？	每个人在接龙讲述完后，尽量都要给予启发式引导点评，并充分肯定其想象力、创造力等积极意义
相识接龙	现场全体随机选择一名同伴进行介绍。介绍要用规定的动作和语言：五指相扣，手掌旋转一周后握手，进行自我介绍。指导语是："以前不认识，今天见到你，让我们握握手！你好，我是某某某"	①是否结识了新朋友？ ②在相互的交流中，你是否已经感觉到了人与人之间的热情和真诚？ ③有什么感受，有什么体会	相识接龙后可结合现场团体动力情况，可增加团体按摩环节，一般会比较自然、流畅，增强团体成员之间的热情和亲密度

第三章　情绪调节团体心理辅导工作

续表

活动	具体操作	分享讨论	备注（注意事项）
桃花朵朵开	口令是：桃花开、桃花开、桃花朵朵开，在收到这个口令后，在场的所有人也要给一个回复：开几朵？开几朵？当有开3朵的指令时，请迅速找到附近的3个同伴，手拉手，迅速蹲下形成一个圆，互相之间做一个快速简洁的自我介绍。 技术植入：表达性技术	①在形成花朵的过程中，你是主动型，还是被动型呢？能谈一下自己的感受吗？ ②当你找到团队归属的时候，内心是一种什么样的感觉？能跟大家分享一下吗？ ③请你自我评价一下，你是否能成为中心，把别的成员吸引过来？能谈谈你的感受吗？ 情绪表达四部曲： 客观事实+主体感受+认知原因+期待	现场如果出现不抛弃一名成员而采取集体受罚的情况，应及时给予关注并鼓励团队精神。 在过渡环节教授正确的表达技术，为主体活动作铺垫
情绪训练	第一步：画一次记忆中深刻的情绪事件。 第二步：小组分享，以画为媒介，让小组成员分享一下情绪事件中发生了什么。 第三步：演绎重现。 第四步：分享感受	①通过情绪情景重现，给你带来的启发。 ②在这个过程中，分享你察觉到自己的和他人的情绪。 ③在这个过程中，你观察到的情绪、分享你感受到的情绪。 ④再思考：有什么是我可以从中学习、成长、改变的。 在现场分享环节，引导参与者察觉自己的情绪、准确识别这个情绪状态是什么、区别不同的情绪差别性，达到丰	注意： 小组分享情绪事件时，如果对方不愿分享具体细节，要接纳允许

续表

活动	具体操作	分享讨论	备注（注意事项）
情绪训练		富和扩大情绪词汇的目的，为更加精准地表达情绪作依据	
总结回顾	每人挑一张最能代表此时此刻心情的照片，并用一句话总结一下今天团体收获或感受	运用红花卡激发触动感受，表达分享	①给予积极回应；②成员定位在此时此刻良好感受中

第四章
人际沟通团体心理辅导工作

第一节 人际沟通的基本结构

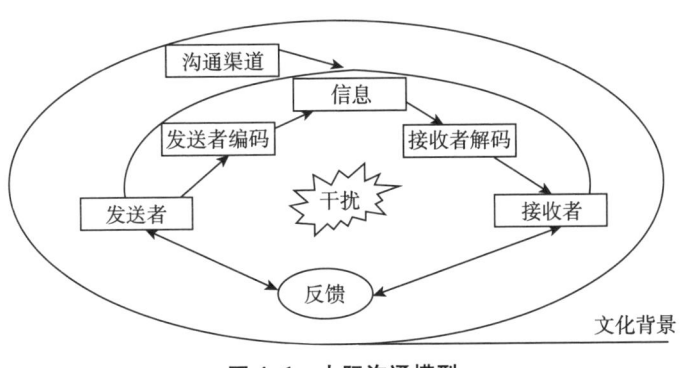

图 4-1 人际沟通模型

从图 4-1 中的人际沟通模型可以看出，沟通过程由多种要素组成。

一、信息的发送者与接收者

沟通是为了让人们分享信息、思想和情感。这种分享不是一个单向的过程，即一个人表达思想其他人接收，这种过程会逆向进行。在大多数沟通情境中，人们既是发送者，又是接收者。

二、信息

信息是由沟通的发送—接收者要分享的思想和情感所组成的。思想和情感只有表现为符号时才能得以沟通。所有沟通信息都由两种符号组成：语言符号和非语言符号。

语言中的每个词都是表示某一特定事物或思想的语言符号。语言符号是被限定的、复杂的。

非语言符号是我们不用语言进行沟通的方式，如面部表情、手势、姿势和语调等。非语言符号被我们赋予特定的含义。例如，打哈欠意味着厌烦或疲倦；皱眉表示疑惑等。和语言符号一样，非语言符号也影响别人。我们不能控制绝大多数的非语言行为，并且我们通过非语言行为发出的信息经常连自己也不能得知。

三、渠道

渠道是信息经过的路径，是信息抵达发送—接收者的手段。我们熟悉的收音机、电视、报纸和互联网等，都是常用的信息传播渠道。

有研究表明，在各种方式的沟通中，影响力最大的，是面对面的原始沟通方式。在面对面沟通时，除了词语本身的信息外，还有沟通者整体心理状态的信息。这些信息使得发送—接收者可以在情绪上相互感染。因此，即使在通信技术高度发达的今天，面对面沟通仍然有不可取代的地位。

四、反馈

反馈是发送—接收者相互间的反应。当沟通一方发出信息，另一方接收信息后，会针对这一信息给出自己的意见和反应。

反馈能够让沟通的参与者知道思想和情感是否按照他们计划的方式来分享，对于沟通至关重要。面对面的发送—接收者有最大的反馈机会。在这种情境中，我们有机会知道他人是否理解并领会信息传达的意思，也能验证自己对他人信息理解的程度。

五、环境

沟通总是在一定环境中发生的，环境能对沟通产生重大的影响。正式的环境适合正式的沟通，但对具有私密性的交谈却完全不适合。

六、噪音（干扰）

噪音是组织理解和准确解释信息的障碍。噪音可以发生在沟通的任何环节，具体分为以下三种形式：

1. 外部噪音

这类噪音来自环境，它阻碍听到信息或理解信息。例如，在嘈杂的环境中，沟通的效果就会较差。

2. 内部噪音

这类噪音发生在发送—接收者的头脑中，这种噪音可能因为发送—接收者的注意力未能集中于沟通内容之上，也可能源自发送—接收者固有的信念或偏见。

3. 语义噪音

这类噪音是由人们对词语情感上的反应引起的。当发送—接收者对于沟通另一方发出信号的语义理解偏离对方本意时，将部分或全部阻碍沟通信息的有效传输。

第二节　人际沟通团体心理辅导的工作要点

根据上述理论和团体心理辅导的主要功能，心理教官可在团体心理辅导过程中帮助团体成员发现人际沟通各阶段可能存在的内部噪音和语义噪音，进而通过能力、情绪、心态等方面的调节减少内部噪音和语义噪音发生的频率，以达到提升沟通有效性的目的。

心理教官在设计或开展有效沟通的团体辅导工作时，可从以下两方面入手开展工作：

一、减少语义噪音：提升沟通技能，交流沟通经验

心理教官可通过团体心理辅导，带领团体成员体验不同语言表达方式和沟通模式下的沟通效果，帮助反思自身在人际沟通过程中是否恰当地运用了沟通技巧和沟通策略，并通过团体成员的相互分享，帮助团体成员掌握更加丰富的沟通策略，从而减少因

沟通技能和经验不足导致的干扰因素。

二、减少内部噪音：发现并调整沟通中存在的不良情绪和不良心态

在团体心理辅导时为团体成员创设虚拟的沟通情境，将现实沟通中闪现的情绪和信念静止、放大，帮助其更好地体察在沟通中自身及他人可能出现的不良情绪，澄清不良情绪背后隐藏的不合理信念。通过成员之间的感受分享，帮助团体成员从更加客观、理性的视角看待沟通中存在的问题（如信息传递不畅、语义理解不清等），从而缓解团体成员在现实沟通中的不良情绪，减少因不良情绪导致的沟通不畅和矛盾激化。

第三节　人际沟通团体心理辅导的设计思路与注意事项

一、人际沟通团体心理辅导的设计思路（见图4-2）

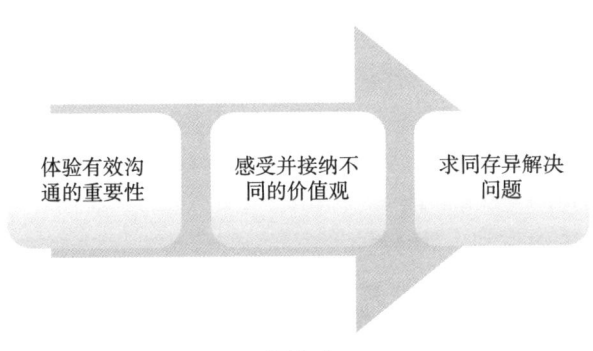

图 4-2

二、人际沟通团体心理辅导的注意事项

第一，不回避冲突；

第二，引导接纳多元价值观；

第三，真诚表达感受；

第四，有激烈的情绪及时疏导。

第四节 人际沟通团体心理辅导的参考活动

心理教官可根据团体心理辅导目的和参与群体特点选取适当的活动。

活动1：我说你画

1. 活动目的

（1）认识沟通"漏斗"现象，从信息传达者的角度理解沟通中可能存在的问题。

（2）培养成员的全局思维、清晰表述、准确回应等技术。

（3）体验有效的信息沟通要素，包括准确表达、用心聆听、思考质疑和澄清确定等。

2. 活动设置

（1）活动时间：20分钟。

（2）活动道具：两张样图（见图4-3），A4纸若干（每人1张），笔若干（每人1支）。

（3）活动场地：室内。

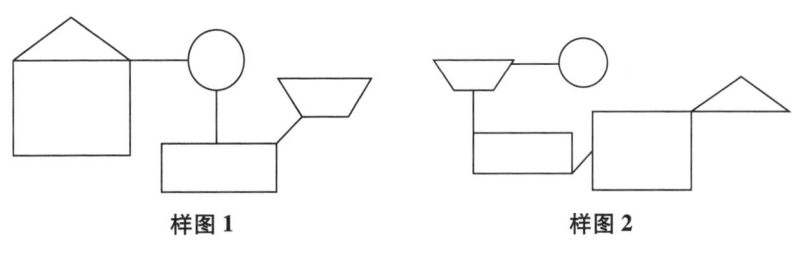

样图 1　　　　　　　　　样图 2

图 4-3

3. 活动过程

（1）第一轮请一名成员上台担任"传达者"，其余人员作为"倾听者"。"传达者"看 2 分钟样图 1，背对全体"倾听者"，下达画图指示。

（2）"倾听者"根据"传达者"的指令，画出样图上的图形，"倾听者"不许提问。

（3）"倾听者"展示自己所画的图，请"传达者"和"倾听者"谈各自的感受。

（4）再请一名成员上台，看样图 2，面对"倾听者"传达画图指令。其间，允许"倾听者"不断提问。

（5）请"传达者"和"倾听者"谈各自的感受，并比较两轮过程与结果的差异。

（6）团体分享：

①第一轮活动和第二轮活动的结果是否有差别？为什么？

②这个活动给了你什么样的启示？

4. 注意事项

样图 1、样图 2 构成的基本图形一致，但位置关系有所区别。两轮中的"传达者"可以为同一人，也可以为不同人。

邀请"倾听者"谈感受时要选择有代表性的，如画得较准确的和特别离谱的，这样便于分析造成不同结果的各种因素，从而找到改进的方法。

5. 回顾总结

（1）不同的交流沟通方式，会产生不同的信息传递与接收的结果。在沟通过程中，可以根据实际需要选择恰当的信息传递方式。

（2）因为每个人对信息的理解和表达方式各不相同，沟通过程中信息的损耗是不可避免的，所以要合理看待沟通中的信息损耗，避免迁怒于信息传递者。

活动 2：放下想法

1. 活动目的

（1）学习沟通的基本技巧——倾听。

（2）体会倾听与反馈在亲密关系沟通中所产生的效果。

2. 活动设置

（1）活动时间：20 分钟。

（2）活动道具：无。

（3）活动场地：室内。

3. 活动过程

（1）教官将成员分为 3~4 人一组。

（2）每组成员轮流充当说话者、倾听者和观察者（1~2 人），每人皆需扮演 3 种角色，体会每种角色的立场与感觉。

（3）团体分享：

每人皆扮演 3 种角色后，小组成员做经验分享，说话者与倾听者分享彼此的感觉，观察者说出观察到的情形。

4. 注意事项

3 种角色的任务如下：

说话者：在 5 分钟内主动引发各种话题。

倾听者：只扮演响应的角色，不主动引发任何话题。

观察者：不介入说话者与倾听者的对话，只负责记录两人的对话情形。

5. 回顾总结

在人际沟通中，并不只是把自己的意见、想法表达出来，更重要的是用心倾听对方所想传达的信息，如此才能真正达到双向沟通的目的。此种倾听的能力，是一种基本的沟通态度，也是一种可习得的技巧。

活动 3：心里话

1. 活动目的

（1）体会沟通态度对夫妻双方情绪的影响。

（2）觉察以往言语习惯并完善，如不批评、不指责、不说教等。

2. 活动设置

（1）活动时间：30 分钟。

（2）活动道具：桌椅若干，A4 纸若干，笔若干（每人 1 支）。

（3）活动场地：室内。

3. 活动过程

（1）教官在室内摆放 1 列桌子，桌子两侧放椅子，面对面摆放。

（2）教官将团体成员分为两组，分别坐在桌子两侧，面对面坐，发给每位成员1张纸和1支笔。

（3）每位成员在纸上写下自己与伴侣发生冲突时，最容易脱口而出的一句话。

（4）教官宣布开始后，每位成员和对面的成员讲出冲突的背景，然后说出自己的习惯话语，对面的成员听到后，用自己听到的意思，给予积极的反馈，然后换不同的表述方式重复刚才的话。

（5）诉说与反馈结束后，互换角色再进行一次。

（6）每位成员都和团体中其他成员交谈后，把交谈过程中感觉好的反馈记录下来。

（7）团体分享：

①当你自己再一次说出自己的常用语时是什么感觉？

②听到其他成员表述他听到的话时，你的感觉有什么不同？

③哪个表达更让你觉得可以借鉴，为什么？

4. 注意事项

教官注意把控时间，每两个人在一起交流不超过2分钟。

5. 回顾总结

语言是人们最常用的交流媒介，我们常常以为我们所说的话表达了自己的想法，其实更多时候，语言是在帮我们表达情绪，如夸张的、凝缩的、混乱的、置换的，甚至意思是相反的语言表达，反而造成我们与他人交流的困难。

通过这个活动，我们会体验到语言需要更为真实的表达，这样才能有效传递我们内心的想法和情绪。

活动 4：传口信

1. 活动目的

（1）通过活动了解"你说的，和别人听到的很可能不一样"。

（2）单向沟通信息存在渠道干扰、曲解和误读等局限性。

（3）体会倾听的重要性。

（4）认识沟通"漏斗"现象以及"积极寻求、主动获取、请教核对"对于结果的意义。

2. 活动设置

（1）活动时间：15～20分钟。

（2）活动道具：无。

（3）活动场地：室内。

3. 活动过程

（1）团体成员或坐或站一圈，心理教官和排头的人悄声说一句话，然后这个人再把这句话一模一样悄悄传给第二个人。以此类推，直到最后一个人公布他所听到的信息（根据活动现场可以进行两场活动）。

口信一：争气永远比生气漂亮。

口信二：七加一，再减一，加完减完等于几。

（2）团体分享：

①听的过程中有什么感受？

②怎样才能听准确？

③耳听为虚，眼见为实是真的吗？

④这个活动给你的感受？让你想到了什么？

⑤对你日常工作与生活有什么启发？

4. 注意事项

（1）每个人要把话悄悄传给后面的人，并且不让别人听见，每人只能说1遍。

（2）谈感受时要特别关注那些具有代表性的团体成员，更多地呈现不一致性给大家带来不同角度的思考。

5. 回顾总结

（1）沟通的效果取决于对方的回应，沟通信息的准确性最重要的是"发问与核对"。在实际工作与生活中，要摒弃固有思维程序里诸如"擅长说而不擅长问""价值感低而不敢去核对"等盲区和短板。"发问"可以让我们停止内心对话，转成向外的"核对"。

（2）猜测是最内耗的途径，停止"猜测"，"核对"永远比"猜测"更高效，人生也会变得更简单。

活动5：单向沟通与双向沟通

1. 活动目的

（1）认识沟通的目的在于信息传递的有效性及其构成要素。

（2）了解沟通"漏斗"现象，从双方的角度理解沟通中可能存在的问题。

（3）了解单向沟通和双向沟通的区别。

（4）培养全局思维、清晰表述、准确回应等技术。

2. 活动设置

（1）活动时间：15~20分钟。

（2）活动道具：A4纸若干（纸张数量为参加成员的2倍）。

（3）活动场地：室内。

3. 活动过程

（1）第一轮由心理教官担任"传达者"，其余成员作为"倾听者"。"传达者"下达指令时，所有成员闭上眼睛，"倾听者"不许提问。

（2）指令——将 A4 纸对折，撕去左上角；再对折，撕去右下角；接着对折，撕去左下角，再对折，撕去右下角。

（3）展开纸张，看看有什么不同？"传达者"和"倾听者"谈自己的感受。

（4）第二轮再请一名成员上来，下达指令，重复上述活动步骤。其中，允许"倾听者"不断提问。

（5）"倾听者"展开纸张，"传达者"和"倾听者"谈自己的感受，并比较两轮过程与结果的差异。

（6）团体分享：

①第一轮活动和第二轮活动的结果是否有差别？为什么？这个活动给了你什么样的启示？

②同样的指令，为什么会有不同的结果？

③理解容易吗？为什么？

④可以提问后仍然有不同结果，为什么？

4. 注意事项

（1）活动可分两轮进行，第一轮由心理教官下达指令，第二轮由团体成员下达指令，旨在有更深的体验。第一次不可提问；第二次可以提问。

（2）邀请"倾听者"谈感受时要选择有不同视角和观点的团体成员，利于引发大家从多角度理解沟通的意义。

5. 回顾总结

（1）不同的交流沟通方式，会产生不同的信息传递与接收的结果，在沟通过程中可以根据实际需要选择合适的信息传递方式。

（2）因为每个人对信息的理解和表达方式不同，在沟通中存在指令是否精准、理解偏差、单项沟通与双向沟通是否存在弊端、信息发送与接收的误读等现象都是很正常的、不可避免的，要合理看待沟通中存在的一切可能，避免迁怒于信息传递者。

活动 6：我们说说话

1. 活动目的

（1）觉察在沟通中的自我状态。

（2）认识自我状态对沟通效果的影响。

（3）启发民警改善自己的沟通方式。

2. 活动设置

（1）活动时间：30 分钟。

（2）活动道具：无。

（3）活动场地：室内。

（4）活动队形：参与者分两组，内外圈两两相对而坐，先内圈后外圈分别按指令要求说话和听话。

3. 活动过程

（1）第一轮表演营养型父母自我状态（关爱、照顾、保护、养育、建议、指导和忠告等）。

（2）第二轮表演控制型父母自我状态（制定规则和纪律、设置界限、告诫、批评、训导和命令等）。

（3）第三轮表演成人自我状态（关心事实、数据、理性、注重选择，做决定时较为理性，促成事情的发生等）。

（4）第四轮表演自由型儿童自我状态（精力充沛、积极、乐观、爱玩、有创造力和自发性等）。

（5）第五轮表演适应型自我状态（顺从、礼貌、友爱、听话、脆弱、讨好、反叛和操纵等）。

（6）第六轮自由对话1分钟。

（7）团体分享：

①你喜欢哪种状态？为什么？

②你不喜欢哪种状态？为什么？

③自由对话中你是哪种状态？

④对方是哪种状态？

⑤让你想到了哪些场景？

⑥对你有何启发？

4. 注意事项

（1）每一轮表演的要求要说清楚，听的人不说话只专注于听，提醒参与者觉察自己内心的感受。

（2）邀请"表演者"或"倾听者"谈感受时要选择有代表性的，同时询问其他团体成员是否有相同或不同的感受。

（3）介绍一些自我状态相关的知识，加深参与者的体验。

5. 回顾总结

人际交互作用分析学提出，人与人之间的交往就是自我状态的体现，反映出个体的思想、情感和行为方式。自我状态对不同人的行为和人际关系产生的影响也不同。自我状态没有好坏之分，关键在于适应环境，是否与沟通的对方相匹配，匹配的状态有利于沟通，不匹配的状态则是沟通的极大障碍。本活动旨在引导大家觉察自己惯用的自我状态以及与环境的适应程度，启发调整自我达到与环境相适应的状态。

第五节　人际沟通团体心理辅导的工作方案

心理教官队伍通过多年的工作实践，形成了一系列可供参考的工作方案。

方案1：沟通无限，妙趣人生

1. 团体目标

（1）认识态度对沟通效果的影响。

（2）了解沟通信息的"漏斗"现象。

（3）觉察自我的沟通模式。

（4）使参与者改变沟通态度和提升沟通技能。

2. 团体性质：教育团体，单次结构式

3. 团体时间：90分钟

4. 场地情况：室内场地，每人一把椅子

5. 团体成员特征分析

全面了解团体成员特征对实现团体目标具有重要意义，任何团体辅导前都要做好团体成员特征的分析，具体内容包括人员信息、岗位性质、身心状态三个方面。

第四章 人际沟通团体心理辅导工作

6. 方案设计（见表4-1）

表4-1

阶段	时间	活动名称	目标	所需材料与道具
开场	10分钟	开场白	①烘托课堂气氛。②告知团体成员心理辅导的要求、设置	无
暖场	10分钟	大风吹	活跃课堂气氛，消除紧张氛围，使参与者彼此融入，体验沟通过程	无
工作阶段	20分钟	表达和倾听	体验表达和倾听的过程及感受，并反思自己的沟通模式	无
工作阶段	40分钟	我说你画	①感受表达不同，产生的结果不同。②体验充分有效的表达，能更准确地传递信息。③同样的表达，不同的人可能有不同的理解	①教官用：图案模板。②成员用：A4纸（每人3~4张），签字笔夹板
结尾	10分钟	总结回顾	梳理参与团体的收获，并进行强化	彩色小纸片

7. 实施过程（见表4-2）

表4-2

活动	具体操作	分享讨论	备注（注意事项）
大风吹	①邀请1名助教参与活动。②把座位调整到圆圈形，教官和助教的位置在圆圈中间。	①你为什么没有抢到座位？②你怎么看待没抢到座位这件事？③夸夸自己最优秀的3	①一般进行5轮结束，具体根据场上情况灵活掌握。②提示身体不舒服，脚受伤等人员

111

续表

活动	具体操作	分享讨论	备注（注意事项）
大风吹	③发布活动规则，在教官"大风吹"时，成员问："吹什么？"教官说："吹……（在场某部分人员共有的特征）"这时，现场所有有此特征的人都要离开自己原来的座位，去寻找一个新的座位坐下，其中一名助教参与抢座位过程。 ④教官邀请没有抢到座位的人发言，并进行"三生有幸"活动。 ⑤没抢到座位的人发出下一轮指令。以此类推，进行第三、第四、第五轮活动	个品质。 ④对于下一轮的抢座位自己是否有了新的策略	观摩即可
表达与倾听	①所有参与者以1、2形式报数，依次结对，单数时由助教补缺。 ②报数为1的人为角色甲，到场外接受助教安排任务：请角色甲回想一下自己遇到或经历的最开心、最有趣的事情，讲给自己结对的报数为2（角色乙）的伙伴听，要求无论角色乙是什么反应都要讲完自己的故事。 ③报数为2的人为角色	第一轮后： ①角色甲分享自己在活动过程中内心感受的变化。这种变化对自己有什么影响？ ②角色乙谈谈怎样完成的任务，观察到了什么？感受到了什么？ 第二轮后： ③邀请参与者分享在扮演角色甲和乙的感受分别是什么？这种感受对其有什么样的启示	①确保第一轮开始时甲和乙角色的分工和任务明确。 ②教官要注意控场，避免活动过程中相互聊天

续表

活动	具体操作	分享讨论	备注（注意事项）
表达与倾听	乙，在场内接受教官安排任务：要求所有角色乙一开始要认真听并耐心回应角色甲，当教官发出一个咳嗽，或说"1分钟到"时，角色乙成员开始不理会角色甲。 ④角色甲回到座位，开始讲述。角色乙按教官指令变换倾听态度。 ⑤角色甲和乙对换		
我说你画	第一轮： ①邀请一名自愿者上台担任"传达者"，其余人员都作为"倾听者"。"传达者"看样图一两分钟，背对全体"倾听者"，下达画图指令，不做答疑。 ②"倾听者"根据"传达者"的指令画图，"倾听者"全程保持沉默，不能提问。 ③"倾听者"对照自己的画，"传达者"和"倾听者"分别谈感受。 第二轮： ④再邀请一位自愿者上台做"传达者"，看着样图2，面对"倾听者"传达画图指令并可	①请"倾听者"中画得差异较大的人谈感受。 ②请"倾听者"中画得比较相似的人谈感受。 ③请两次绘画差别较大的人谈感受。 ④请"传达者"谈感受	①第一轮与第二轮两张样图构成基本图形一致，但位置关系有所区别。 ②两轮中的"传达者"可以为同一人，也可以为不同的人。 ③邀请"倾听者"谈感受时要选择有代表性的，如画得相似和差别较大的，这样便于分析出造成不同结果的各种因素，从而找到改进的主要方法。 ④关注第一个传达指令的人，活动是否有不良情绪体验

续表

活动	具体操作	分享讨论	备注（注意事项）
我说你画	以答疑，"倾听者"可以提问。 ⑤"倾听者"对照自己的画，"传达者"和"倾听者"分别谈感受		
总结回顾	①请团体成员围圈就坐。 ②教官对团体过程梳理回顾，肯定大家的积极参与和真诚配合及取得的成绩。 ③请成员对团体心理辅导前后的沟通能力分别自评，按1~10分打分，1分最差，10分最好。 ④请成员在便利贴上写下两个分数以及收获，并粘贴在白板上	你分别给自己的分数是多少？提高的分数代表了什么	①给予积极回应； ②强化体验和感受

方案2：心灵之窗，智慧沟通

1. 团体目标

（1）体验有效的信息沟通要素：准确表达、用心聆听、思考质疑和澄清确定。

（2）表达情感、建立关系、互相理解、齐心协力、彼此鼓励、传递信息。

2. 团体性质：同质性、封闭性、单次结构式团体

3. 团体时间：90分钟

4. 场地情况：封闭的室内场地，每人一把可活动的椅子

5. 团体成员特征分析

全面了解团体成员特征对实现团体目标具有重要意义,任何团体辅导前都要做好团体成员特征的分析,具体内容包括人员信息、岗位性质、身心状态三个方面。

6. 方案设计(见表 4-3)

表 4-3

阶段	时间	活动名称	目标	所需材料与道具
暖场	10 分钟	左抓右逃	放松身心,活跃气氛,激活氛围,拉近距离	无
过渡	10 分钟	传口信	你说的,和别人听到的未必一样(认识沟通"漏斗"现象)	无
	10 分钟	撕纸活动	①探寻结果不一致的原因。②初步掌握沟通方法(寻求反馈)	A4 纸(每人 2 张)
工作阶段	50 分钟	心灵图卡-只言片语-千言万语	①通过图卡自我觉察,缩小隐藏区域。②体会倾听的重要性。③发现内在情结,疗愈自我,开创无限可能。④聚焦探讨与自己有关的沟通因素,增进沟通表达与互动	人格蜕变卡一套
结束	10 分钟	总结回顾	参与团体的感受、收获	红花卡

7. 实施过程（见表4-4）

表4-4

活动	具体操作	分享讨论	备注（注意事项）
左抓右逃	左手手掌向下，右手伸出食指放在左边伙伴的手掌下，讲述"乌鸦与乌龟"的故事	①抓得多，逃得多，为什么？ ②"抓"意味着什么？"逃"意味着什么	①助教做示范； ②适应性练习后让大家活动一下手臂，否则容易累； ③故事要讲得抑扬顿挫且快，时间太长容易走神
传口信	成员或坐或站一圈，一个人开始对着下一个人的耳朵轻声传话，这个人再把自己理解的信息传给下一个人。以此类推，直到最后一个人公布他所听到的信息： ①争气永远比生气漂亮。 ②七加一，再减一，加完减完等于几	①倾听重要性。 ②清晰地表达。 ③耳听为虚，眼见也未必为实	①每个人要把话传到另一个人的耳朵中，并且不能让别人听见，只能给你要传的那个人听。 ②每人只能说一遍
撕纸活动	第一轮： ①将A4纸对折，然后再对折。 ②将纸的右上角撕掉，右下角撕掉。 ③展开纸张，看看有什么不同。 ④所有成员闭上眼睛。 ⑤成员不可以出声发问。 第二轮： 重复上述活动步骤，区别为这轮活动可以提问	①同样的指令，会有不同的结果。 ②理解容易吗，为什么？ ③如何才能做到互相理解？ ④可以提问，仍然会有不同结果，为什么？ ⑤理解偏差、误读。 ⑥指令是否精准	活动分两部分： 第一次不可提问； 第二次可以提问

续表

活动	具体操作	分享讨论	备注（注意事项）
心灵图卡－只言片语－千言万语	①先进行分组，选组长。②每组将得到16张左右的图卡（根据小组人数）。③每人自主选择1张图卡。闭上眼睛深呼吸，先让自己的心与图卡连接。④逐一对图卡的文字与图片进行演绎表述（表演所持图卡中人的感受）。⑤小组成员反馈、讨论。⑥每组选派代表，进行大组分享	①你所看到的。②你的感受。③联想到自己，给你的启发。④你想要做哪些行动	①教官在活动前向大家介绍人格蜕变卡——每张图卡都有两张图（正反面）。图卡里有三个我：展现我（外在，惯常反应）；当下我（客观、觉知）；彩虹我（创伤区——深层内在小孩，童年的痛苦创伤，潜能区——力量、才华、天分）。②活动主旨是通过对此卡的表演促成我们内外、表层与深层人格彼此交流互动，通过朗读（用自己的方式）引出表达的需求（展现我——独白），与自己的心沟通（喊话）等促成自我认知和整合的功能。③强调尊重的态度，好奇地倾听，不打断、不评论。④注意情绪波动大的，酌情给予个别辅导

续表

活动	具体操作	分享讨论	备注（注意事项）
总结回顾	红花卡：每人挑一张最能代表此时此刻心情的照片，并用一句话总结今天团体收获或感受		①给予积极回应；②成员定位在此时此刻良好感受中；③强化沟通表达的重要性

方案3：基层派出所人际沟通团体心理辅导

1. 团体目标

（1）协助参与者觉察自己在团队中沟通的模式。

（2）体验非言语信息对沟通的重要影响。

（3）提升有效沟通的技巧。

2. 团体性质：心理教育团体，单次结构式

3. 团体时间：90分钟

4. 场地情况：封闭的室内场地，每人一把可活动的椅子

5. 团体成员特征分析

全面了解团体成员特征对实现团体目标具有重要意义，任何团体辅导前都要做好团体成员特征的分析，具体内容包括人员信息、岗位性质、身心状态三个方面。

6. 方案设计（见表4-5）

表4-5

阶段	时间	活动名称	目标	所需材料与道具
暖场	10分钟	左抓右逃	建立团队，活跃气氛，引入主题	无

续表

阶段	时间	活动名称	目标	所需材料与道具
过渡	5分钟	年龄排序	彼此了解，选组长	无
	25分钟	我来比画你来猜	扩展参与者的沟通渠道，主动发展非语言沟通和换位思考的意识，提高沟通的有效性	纸笔若干
工作阶段	40分钟	合作方块	①团体成员间看到彼此处理问题的不同；②不同角色定位，学习换位思考	每组将得到5个信封，每个信封中有3张小卡片，这些小卡片能够组成5个正方形
结束	10分钟	总结回顾	参与团体的收获	无

7. 实施过程（表4-6）

表4-6

活动	具体操作	分享讨论	备注（注意事项）
左抓右逃	左手手掌向下，右手伸出食指放在左边伙伴的手掌下，讲述"乌鸦与乌龟"的故事	①抓得多，逃得多，为什么？②抓意味着什么？逃意味着什么？③活动与比赛的区别体会	①助教做示范；②适应性练习后让大家活动一下手臂，否则容易累；③故事要讲得抑扬顿挫且快，时间太长容易走神
年龄排序	①根据人数按1~3报数分组；②逐一介绍自己的姓名、单位、爱好；③选出组长	①让出现排序错误的人员讨论沟通问题出在哪里？②引导大家理解有效沟通的重要性	可视情况进行简单讨论

续表

活动	具体操作	分享讨论	备注（注意事项）
我来比画你来猜	①各组选一个人看题板，然后通过语言及肢体语言来表达这个题板上的答案，但是不能提到题目答案中的字，小组里其他成员负责猜。每组有3分钟时间，猜对最多的组获胜；②不能表达清楚的词可以放弃，但是每组最多可以放弃两个题目	①我们在工作过程中表现出各种姿态的时候，是否能够考虑到怎样有利于他人正确地理解我们？②当他人向我们呈现出一种姿态的时候，我们要努力去理解他们内心要表达的意思。所以沟通和回应很重要；③在我们表现自己的时候，不要认为他人能正确理解自己，我们要主动地关注对方的反应，并且积极地理解对方，只有这样才能团结你我他，实现最好的工作成果	①讲清楚活动规则；②活动中要公平裁判；③助理要做好计时和计分工作；④对活动中出现的典型沟通障碍点做好记录，对活动中表现突出的人员进行重点采访
合作方块	①每组将得到5个信封，每个信封中有3张小卡片，这些小卡片能组成5个正方形；②活动过程中必须保持安静，不准说话，但可以打手势。如有说话，每说话一次，小组活动时间减30秒；③可以将自己的卡片给别人，但是不允许从别人那里直接拿走或要走卡片；④只有组长能从别人手	①每个小组拼贴的过程中有哪些有效策略？②在活动过程中，是否有人产生挫败感或者其他不良情绪？大家是怎样消除这种不良情绪的？③活动过程中，组长做了什么？大家对组长的行为有什么看法？组长听了大家的意见有什么反馈和感受？④在活动过程中，大家在资源（纸片）不足	①提醒在拼贴时，应确定后再用双面胶粘贴，否则无法调整。对于说话减秒、组长拼贴减秒的规则要特别提醒；②注意过于被动情形或组长过于主导的现象，用于活动讨论

续表

活动	具体操作	分享讨论	备注（注意事项）
合作方块	里拿走卡片，但是组长不准拼贴正方形，否则一次减时间30秒；⑤如果有争议，必须听从组长的决定；⑥每个组有10分钟完成上述任务	的情况下是如何做的？⑤有没完成任务的组，也要讨论上述问题。同时，对没有完成任务的组进行讨论，如没有完成任务的原因有哪些？我们取得了哪些成果	
总结回顾	每人说一个关键词	简单谈一下对今天活动的体会或感悟	

方案4：沟通技巧团体辅导

1. 团体目标

（1）了解沟通态度、信息衰减对沟通效果的影响。

（2）认识自己的性格特点对沟通的影响。

（3）提高沟通技能、改善沟通效果。

2. 团体性质：心理教育团体，单次结构式

3. 团体时间：90分钟

4. 场地情况：室内场地，每人一把可活动的椅子

5. 团体成员特征分析

全面了解团体成员特征对实现团体目标具有重要意义，任何团体辅导前都要做好团体成员特征的分析，具体内容包括人员信息、岗位性质、身心状态三个方面。

6. 方案设计（见表4-7）

表4-7

阶段	时间	活动名称	目标	所需材料与道具
开场	2分钟	介绍规则	营造轻松、安全氛围	无
暖场	3分钟	搓手	①身体活动唤醒愉快情绪。②提高参与度，使成员对团体感兴趣	无
	10分钟	我要和你说话	感受态度对沟通效果的影响	无
过渡阶段	20分钟	我说你画	①了解沟通"漏斗"现象。②掌握沟通技巧：重复、反馈、提问	打印纸质材料、笔
工作阶段	30分钟	性格测试	了解性格特点对沟通效果的影响，按照性格分组	PDP问卷、画板、笔
	15分钟	分组讨论并展示	有效沟通的技巧是什么	纸笔
结束	10分钟	小结：成员分享手环	①巩固团体的收获。②评估团体效果。③植入心锚	无

7. 实施过程（见表4-8）

表4-8

活动	具体操作	分享讨论	备注（注意事项）
开场			
搓手	双臂向前平举，掌心相对十指交叉，用力搓（记1分钟频率）	①搓手时的感觉。②体会身体、心理变化	介绍运动对身心的获益

第四章 人际沟通团体心理辅导工作

续表

活动	具体操作	分享讨论	备注（注意事项）
我要和你说话	①分A、B两组，一组说另一组听；②专注听和不理会的听	①不专注时的感受。②专注时的感受。③怎么判断是否专注	①助教做示范，积极带领；②启发态度的重要性；③结合人体雕塑说明肢体语言的重要性
我说你画	每人1个画板、1张纸、1支笔，找一个代表描述图画，其余成员按指令绘画（2次）	①大家画的和原图有什么差异？②为什么出现这种差异？③你的感受和想法。④怎样减少差异	①解释沟通"漏斗"现象。②总结准确沟通信息的要素：提问、反馈、重复。③启发认识和理解教官的困难
性格测试	①向民警发放事先印好的问卷；②强调无所谓好坏，不用思考直接选择；③根据积分规则自己算总分；④按照性格分组	①你喜欢怎样的做事风格？②你的优点。③你不能忍受的或讨厌的行为。④如何与不能忍受的人相处？⑤你曾经成功地与不能忍受人相处的案例。⑥你的感受	①启发大家分享经验结合自我状态分析。②深化认识个性对沟通的影响。③分别讲解各种性格特点（行为方式、沟通方式）。④如果时间紧张可以在人员进场时陆续施测
讨论	分组讨论并分享	①你认为如何提高沟通效果？②把这些技巧归类（态度、表达和反馈的技巧、与性格相匹配）	
放松技术	①所有人围一圈；②腹式呼吸的指导语		指导吸气鼓起腹部、呼气放松、呼吸时间比、练习时间

123

续表

活动	具体操作	分享讨论	备注（注意事项）
小结	教官简要回顾团体过程		与放松技术融合做
分享	每个人用一句话或一个词谈感受、体会		教官对与团体目标一致的词要重复、强化；最后是教官或者参与的领导作总结式发言
手环	①所有人围一圈； ②每个人伸出右手拇指，并和左边的人握住；		找领导者带领，确保同声有力齐参与

第五章
压力管理团体心理辅导工作

第一节 压力产生机制

认知评价理论认为,压力是个体对作用于自身的内外环境刺激作出认知评价后,引起的一系列非特异性的生理及心理紧张性反应状态的过程。它包括三个环节(见图5-1)。

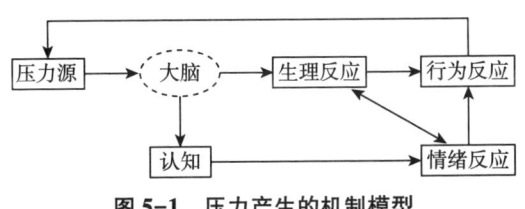

图 5-1 压力产生的机制模型

一、压力源

压力源又称应激源或紧张源,是指任何能够被个体知觉并产生正性或负性压力反应的事件或内外环境的刺激。

二、认知评价

认知评价是个体觉察到刺激情境是否对自己有影响的认知过程。在这个过程中,个体会对刺激情境和自身应对能力进行综合评价,其评价结果会诱发相应的情绪反应。

认知评估并不总是准确的,有时由于认知错误,个体会将有益或挑战事件评估为威胁事件,进而引发相应的压力反应。因此,帮助个体改变认知结构,更加合理地评估压力源,可以有效减轻或消除压力反应。

三、压力反应

压力反应是个体在对抗压力源影响时表现出的一系列生理和心理变化的过程。这个过程会经历唤醒(警觉)、抵抗和耗竭三个阶段,每个阶段个体在生理和心理上都会有不同的反应变化(见表5-1)。

表 5-1

压力发展阶段	生理反应	心理反应
唤醒（警觉）阶段	在最初的一个短暂的过程里出现"休克"现象，然后产生一系列的生理变化，进行体内动员和防御。主要表现为肾上腺活动增强、心率和呼吸加快、血压增高、出汗、手足发凉等	为了应对压力，个体最先出现警觉和资源动员，如引发紧张情绪，提高敏感度和警戒水平，调动自我控制力等。同时，个体可能采取各种应对手段，以满足压力应对要求
抵抗阶段	生理和生化改变继续存在，垂体促肾上腺皮质激素和肾上腺皮质激素分泌增加，机体调动了全部资源，生物适应性也处于最高水平	在此阶段中，个体试图找到应对方法，增强认识与处理能力，消除不良心理反应，恢复心理内稳态，以防心理崩溃。个体直接处理压力情境，心理防御机制运用显著增加，调动所有资源，对压力源的抵抗水平达到最高，甚至是"超水平"
耗竭阶段	抵抗阶段过长，机体最终将进入衰竭阶段，表现为淋巴组织、脾脏、肌肉和其他器官发生变化，机体因应激损伤而患病，甚至死亡	面临连续、极度的压力时，个体应对手段开始失败，心理防御机制夸大且不恰当，如心理混乱，脱离现实，甚至出现幻觉、妄想。如果这种压力状态继续，个体就会进入全面崩溃，出现暴力、淡漠或木僵，甚至死亡

因此，当个体已经处于压力状态时，应帮助其适当调整生理心理状态，避免长时间压力导致的身心耗竭。

第二节 压力管理团体心理辅导的工作要点

研究表明，对于个体而言，压力具有积极的意义。适度的压力能够维持人体正常的活动，提高个体的适应能力和警觉水平。只有当压力反应超过个体身心承受能力时，才会对身体造成危害。可以说，保持适度的压力对于公安民警而言是十分必要的。

因此，心理教官在开展压力管理团体心理辅导时，应将工作目标定位为帮助民警缓解高强度的压力反应，提升压力应对策略，适应正常的职业压力状态。

心理教官在设计或开展民警压力管理的团体心理辅导时，可以从心理教官心理压力产生的三个环节入手开展工作。

一、掌握压力来源，察觉压力反应

心理压力与压力源紧密联系。对压力源的分析和控制，是减轻或消除心理压力的基础。心理教官应在团体心理辅导中帮助民警梳理其工作生活中的压力源，以及这些压力源对应的压力反应。让民警对自身的压力状态有所体察，为控制、调解压力状态打好基础。

二、普及放松技巧，缓解压力反应

公安工作是高强度、高压力的职业，一线民警更是长期处于应激状态之中。因此，针对一线民警的压力管理团体心理辅导中，心理教官应尽可能在现场帮助民警放松身心，调整其高度紧张的生理和心理状态，并教授民警一些能够自行完成的减压放松方法，避免长时间压力导致的身心耗竭。

三、调整认知评价，减少压力反应

对压力事件和自身应对能力的认知评价是引发压力反应的关键。团体心理辅导能够在相互交流和经验分享中帮助团体成员发现自身对压力事件的错误评价、丰富应对压力的方法和策略，从而提升其对压力事件评估的准确性，增加其压力应对的资源和应对能力，减少因资源不足或事件误判导致的压力反应。

第三节 压力管理团体心理辅导的设计思路与注意事项

一、压力管理团体心理辅导的设计思路（见图 5-2）

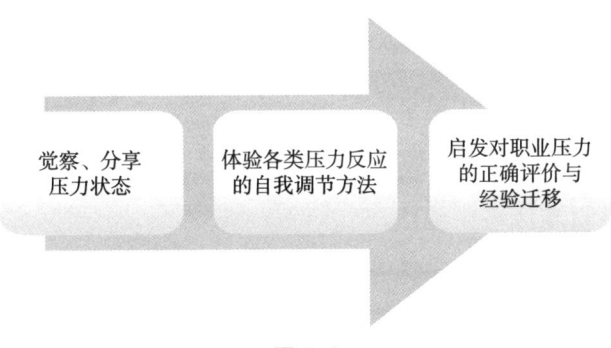

图 5-2

二、压力管理团体心理辅导的注意事项

第一,让成员充分反思和分享压力状态,接受压力状态才是改变的开始。

第二,不要急于给出解决问题的方法,每个人都是解决自己问题的专家。

第三,引导关注积极有效的行为,并鼓励多实施。

第四,引导发掘社会支持系统。

第五,强调提升压力应对能力,而不是降低工作要求。

第四节　压力管理团体心理辅导的参考活动

心理教官可根据团体心理辅导目的和参与群体特点选取适当的活动。

活动1:身体扫描

1. 活动目的

(1)提高对身体感受的敏感性;

(2)提高专注力,关注当下;

(3)自我放松。

2. 活动设置

(1)活动时间:50分钟。

(2)活动道具:无,或瑜伽垫。

（3）活动场地：室内，安静、温暖。

3. 活动过程

（1）请成员找一个温暖而且不会被打扰的地方，端坐在椅子上，让脚面和小腿成直角，小腿和大腿成直角，大腿和躯干成直角，双手自然地放在大腿上。坐在椅子的前三分之二处，让后背离开椅背。然后，轻轻闭上眼睛，舒服自在地坐好。

（2）花一点时间去觉察呼吸的运动和身体的感觉。当你准备好的时候，将觉察放到身体的生理感觉上，特别是身体所接触的地板或者床垫带来的触觉和压力。随着每一次的呼吸，让你的身体更加沉入椅子。

（3）为了集中意志，你要提醒自己这是一个"进入清醒"的时间，而不是"进入睡眠"的时间。此外，还要提醒自己，不论当前的情境如何，你要做的只是单纯地去觉察当前的时刻。这个练习并不是要你改变体验世界的方式，其目的是让你系统地对身体的每一部分轮流进行关注，直到觉察到所有的感官（包括之前觉察不到的感官）。

（4）现在将你的注意力关注到你的腹部上，吸气时觉知腹部的升起，呼气时觉知腹部的落下，随着你的呼吸，花几分钟时间体验这种感受。

（5）在保持对腹部觉察的同时，把注意的焦点转移到左腿，顺着左腿一直到左脚，然后再延伸到每一个脚趾上面。依次关注每一个脚趾，用轻轻的、好奇的、温柔的注意去探索你的感觉，也许你会注意到脚趾之间的接触，温暖或者麻木的感觉，也可能什么感觉都没有，不论怎样，都是正常的。事实上，不论你体验到什么，你已经活在当下了。

（6）在准备好的情况下，尝试每一次吸气的时候，体会或者想象气息进入肺部之后顺着流向全身，通过左腿一直到达左脚脚趾。而在呼气的时候，则体会或者想象气息从脚趾和脚上面流回来，顺着左脚和躯体从鼻孔出去。用这种方式呼吸几次，每一次的吸气都直灌脚趾，每一次的呼气也都从脚趾开始回流。当然要进入这种状态有一定的难度——你只要尽量去尝试这种"深度呼吸"的练习，慢慢地就能接近这种状态。

（7）现在，当准备好了之后，在某次呼气的时候，把注意力从脚趾转向左脚的底部——轻轻地去探索脚掌的感觉，然后是脚后跟（比如，你可以注意脚后跟和鞋或袜子接触的感觉）。尝试着让"呼吸灌注"到所有的感觉——在探索脚底的感觉时，把呼吸作为一种觉察的背景。

（8）现在把注意力放到脚的其他部位——脚踝，脚背，以及骨头和关节。深深地吸一口气，让气息灌注于整只左脚，然后随着气息的吐出，将注意力从左脚上完全移开，再依次转移到左腿的小腿部分——腿肚，胫骨，膝盖等。

（9）继续扫描全身，依次在身体的每个部位停留一段时间：左小腿，左膝盖，左大腿；右脚趾和右脚以及右脚踝，右小腿，右膝盖，右大腿；腰部、腹部、后背、胸部以及肩部。然后，我们转移到手部，通常可以和上述活动同时进行。首先注意手指的感觉，然后是手掌和手背，手腕，小臂，肘部，上臂，腋下，肩部，脖子；脸部（下颌，嘴巴，唇，鼻子，脸蛋，耳朵，眼睛，前额）；整个头部。

（10）当你注意到身体的某个部位有紧张的感觉时，可以通过"深度呼吸"来清除这种感觉——首先通过吸气，把注意力放到那个部位，尽量去体会它的感觉变化，然后随着每一次的呼气使它慢慢放松下来。

（11）思维有时难免会从呼吸和身体上游离开，这是正常的事情，也是思维的一个特点。当你发现这种情况时，请承认它的合理性，并留意思维的去向，然后把注意力拉回到你原来关注的部位。

（12）当你用这种方式扫描完全身之后，花几分钟时间体会全身的感觉。

4. 注意事项

对于大部分长期轻度失眠的现代人来说，有一点非常需要注意，因为我们在进行全身扫描时，很容易睡着，如果你发现自己快要睡着，可以轻微地调整一下姿势，或睁开眼睛，然后继续进行。

5. 回顾总结

持续练习30分钟，或者你希望的更长时间，每天练习2次。不时提醒自己只要去关注此刻正在体验的就可以了。尽可能地去做，友善地去关注。

用平等且专注的心态，如实地去觉知躯体感受本来的样子，而不是你想要的样子。你只是去觉知而不是参与其中。

这个练习没有成功与失败之说，也没有做得好与不好之说，无论在练习的过程中发生了什么，一切都是正常的，不要去判断，你只需要频繁且有规律地练习。

活动2：得失在人

1. 活动目的

（1）澄清压力事件；

（2）辩证看待挫折事件，有付出就有收获；

（3）调整心态，理性、平和地看待问题。

2. 活动设置

（1）活动时间：40分钟。

（2）活动道具：白纸、笔、黑板。

（3）活动场地：室内。

3. 活动过程

（1）将成员分为6~8人一组。

（2）教官进行简短的引入，说明生活中我们会获得一些东西，也需要有相应的付出，我们往往把注意力集中在花费最小的付出而获得最多的收获上去，但是忽视了得与失的过程。然后，教官向每个小组派发一张大纸，请小组成员将纸对折，其中一侧写上"得"字，另一侧写上"失"字。教官邀请成员讨论工作中的得与失，并分别写在纸两侧的相应位置。

（3）邀请每个组派代表分享，教官把主要内容写在黑板上。

（4）全部小组分享完毕后，教官邀请成员以"我得到了……"或"我失去了……"的句式大声读出所有写在黑板上的得失，并分享感受。

（5）团体分享：

①看到黑板上的内容后，你的感受如何？

②把视角集中在"得"与"失"上的心情有何不同？

③请成员为这一活动起个名字。

4. 注意事项

教官注意控制时间，每两个人在一起交流不超过2分钟。在板书"得"与"失"的内容时，最好使这两部分的内容在数量上相等,即保持"得"与"失"的平衡。

5. 回顾总结

事件带给人的压力感受与认知有关,人们的思想决定了行为方式。本活动引导团体辩证看待事物,用积极心态看待自己付出中的收获以及工作的价值和意义。

活动3:想象放松

1. 活动目的

(1)掌握想象放松技巧;

(2)树立自我放松的理念。

2. 活动设置

(1)活动时间:10分钟。

(2)活动道具:能让人放松的音乐。

(3)活动场地:室内。

3. 活动过程

(1)邀请成员以舒适的姿势坐在椅子上,如果愿意可以闭上双眼,这样更容易得到放松的效果。

(2)教官给出放松训练的指导语,邀请成员按照指导语,顺序放松全身肌肉,并体验放松之后轻松、平静的感觉。

(3)放松训练指导语:

准备好了吗?好,现在深深地吸气,慢慢地呼气,再来一遍,深深地吸气,慢慢地呼气,再来一遍,深深地吸气,慢慢地呼气……

好!春天来了,一片鸟语花香的美丽景色,想象你静静地躺在草地上，心情舒适而愉快地享受春天带给你的欢乐与愉悦。

一束温暖的阳光暖暖地照在你的头顶，你觉得头部放松了，特别的安逸舒服，这股暖流从整个头部慢慢地流向你的额头，你紧锁的眉头舒展开了。请你仔细体会一下眉头舒展之后的放松的感觉，你觉得好舒服、好轻松，脸上的每一块肌肉都特别的放松，你觉得舒服极了。

这股暖流从整个头部流到颈部、颈椎，你觉得颈部放松了，颈椎放松了，血液流动非常流畅，慢慢地这股暖流流向你的双肩，你的双肩放松了，每一块肌肉都得到放松，特别的舒展，血液很流畅，暖暖的，非常舒服。这种温暖的感觉流向你的前臂，你的前臂放松了，又慢慢地流向你的小臂，你的小臂放松了，然后顺着你的手掌心慢慢流向你的手指尖，你的手心暖暖的，请你体验一下手心温暖的感觉，非常的温暖，非常的放松。你再重新体验一下这股暖流从头顶慢慢流向你的双眉、额头、脸部，每一块肌肉都得到了放松，顺着你的颈部、颈椎、双肩一直流向你的手指尖，所有的疲惫都从你的手指尖流走了。

这股暖流流向你的前胸后背，整个前胸后背的肌肉都特别的放松，你胃里的不舒服在慢慢地消除，你的感觉好极了，腰部非常的舒服，非常的放松。整个髋部都非常的放松，这股暖流从你的头部慢慢地流向你的额头、双眉，你脸上的每一块肌肉都特别的舒展，你的颈部、颈椎、腰部都特别的舒服，整个身体都感觉非常的放松。请你体会一下这种放松后的舒服愉快的感觉。请你把注意力集中到你的前额，你的前额非常的放松，你试试看，体验一下这种舒服愉快的感觉。你紧锁的双眉舒展开了，暖暖的，头脑空空的，你的大脑中的每一个神经细胞都得到了最好的休息，你的精神非常的愉快、放松，身心舒畅。现在请你把注意力集中到你的大腿上，这股暖流慢慢地流向你的大腿，你大腿上的每一块肌纤维都非常的放松，你的膝关节也放松了，这股暖流顺着你的膝关节慢慢地流向你的小腿，你的小腿放松了，踝关节放松了，脚后跟脚掌心非常放松，体验一下脚掌心那舒适放松的感觉，非常的舒适。慢慢地，这股暖流流向你的脚趾尖，你的脚趾尖非常的放松。

现在从头到脚再来一遍。现在你的头部放松了，体验一下头部放松的感觉；你紧锁的眉头放松了，舒展开了；你的颈部放松了，你的颈椎放松了，你的双肩也放松了，你的手臂放松了，一股暖流顺着你的手臂流向你的手心、流向你的手指尖，所有的疲惫、烦恼都从你的手指尖流走了。当这种烦恼和疲惫都消失的时候，你有一种无拘无束的感觉，你的感觉真的好极了！你的胸部放松了，你的躯干放松了，尤其是你的颈部、颈椎、双肩、腰部都非常的放松，你体验到一种从未有过的放松感觉。你的髋关节放松了，你身上所有的肌肉都非常的放松，请你慢慢地体验，好舒服、好轻松！现在你觉得浑身放松，心情舒畅，就像躺在湖面上随风飘荡的小船上一样，暖风徐徐吹过你的整个身躯，还有一丝淡淡的水草的香味，你闭着眼睛，深深地陶醉在这片水波荡漾的美丽风景中，你觉得心胸特别宽广，心情特别愉快！全身的肌肉非常的放松。好，现在请你慢慢体验一下这种放松后愉悦的感觉。现在你觉得浑身特别特别的放松，心情特别特别的轻松，你觉得舒服极了！

现在你觉得浑身都充满了力量，心情轻松，头脑清醒，思维敏捷，反应灵活，眼睛有神，你特别想下来走走，散散步，听听音乐。准备好了吗？好，请你慢慢地睁开眼睛，你觉得头脑清醒，思维敏捷，浑身都充满了力量，你想马上起来出去散散步，听听音乐。

准备好了吗？好，请你慢慢地睁开双眼，你觉得头脑清醒，思维敏捷，充满活力，你想马上起来出去散散步，也很想立即投身到工作中去。

(4) 团体分享：

· 想象放松后的感受。

· 对你有什么帮助？你可以怎样安排自我训练？

4. 注意事项

放松训练的方式有很多种，一般都是按照指导语，有意识、按顺序地放松身体各个部位，教官可以酌情采用。

教官在放松训练结束后，可以提示成员，在今后如果遇到压力大的情境，可以采取这种方式有意识地放松全身肌肉，来达到放松减压的目的。

5. 回顾总结

每天我们在忙忙碌碌中度过，很少有时间"停下来"和自己待在一起。因此，为自己减压的一个方式就是让自己的生活节奏慢下来，并留意一下自己的身体状态。在生活中，我们可以为自己创造一个安静的环境来进行自我放松，有意识、按顺序地放松身体的各个部位即可。

平时个人也可以利用不同方式来做练习。经过一段时间的练习，这些方式就可以融入你的生活中，到时你就会发现它在缓解压力方面所具有的强大力量。

放松训练不仅有助于缓解焦虑情绪，长期坚持还有助于提高机体免疫力、稳定血压和血糖，改善身体的健康水平。

活动4：压力演播室

1. 活动目的

（1）学会识别压力源、评估压力程度、觉察压力应对方式；

（2）辩证看待压力；

（3）归纳总结压力应对的有效方法，提升压力应对技能。

2. 活动设置

（1）活动时间：30~40分钟。

（2）活动道具：无。

（3）活动场地：室内。

3. 活动过程

（1）成员分组，每组8~10人。

（2）在组内分享最近的烦心事及解决过程。

（3）在上述分享的基础上讨论形成小组要展示的故事，要求小组成员全部参与表演。

（4）分组展示，其他小组认真观看。

（5）团体分享：教官现场采访表演组和观察组。

①观察组看到了什么现象？有什么感受？如果是你会怎样解决？

②表演组面对烦心事的情绪、反应，如何解决的？解决后的感受，对观察组的反馈有什么感想？

4. 注意事项

（1）要求每个成员都要参与表演。

（2）观察组认真观看表演，观看中不说话、不评价。

（3）教官注意收集典型素材，充分调动大家发言并谈感受。

（4）暖场充分有利于大家投入讨论和表演。

5. 回顾总结

通过表演，启发大家认识到压力是普遍存在的，是我们生命的一部分。在我们的工作、生活中充满了各种各样大大小小的事件，人们对事件的认识和评价（价值观）决定了人们的心态，而心态决定行为。积极心态者把事件看作一种经验和阅历，会动用各种能力和资源积极应对并从中体会生命的意义；消极心态者则是当作巨大压力，被事件所困，常采取回避等消极行为。

在讨论过程中，适当植入重要知识点，在宽松的氛围中开展健康教育：一是压力与绩效关系。两者呈倒U型关系，适当的压力会带给人动力，过度的压力则会影响绩效，甚至影响身心健康；二是过度压力的危害。长时间压力会导致人们产生负性情绪和失眠、疼痛等各种躯体症状。指导大家学会评估自己的压力源和压力程度，建立预防的理念。

通过大家的讨论促进民警掌握一些自我减压方法：一是调整认知，用积极心态面对压力；二是倾诉、呼吸放松、适当运动、规律作息、合理宣泄负性情绪等各种自我减压的方法；三是善于利用亲朋好友、同事、组织等帮助解决问题的社会支持系统。

活动5：压力锦囊

1. 活动目的

（1）重视社会资源缓解压力；

（2）扩展压力应对的方式；

（3）增强压力应对的信心。

2. 活动设置

（1）活动时间：20分钟。

（2）活动道具：无。

（3）活动场地：室内。

3. 活动过程

（1）成员分组，每组8~10人，以小组竞争的形式说出应对压力的具体方法。

（2）团体总结：对大家说出的方法进行归类，加深印象。

（3）团体分享：

①对你最有效的方法是什么？

②你想尝试哪些新的方法？

③通过大家的集体讨论，你有哪些新的感受或体会？

4. 注意事项

（1）以小组竞争的形式，调动积极性。

（2）对成员较好的应对方式，邀请讲故事，加深印象。

（3）强化社会支持系统的力量。

5. 回顾总结

（1）恭喜在座的各位成员，每个人都有很多减压妙方。

（2）在今天的活动中，通过分享，我们又获得了很多减压建议，其中一定也会有适合我们自己的，当面对压力时，不妨尝试用一下。

（3）当面对压力时，除了既有的方法之外，我们还可以向身边的伙伴寻求问题解决的办法，善用自己的社会支持系统。

活动 6：涟漪卡

1. 活动目的

（1）借助卡片表达内心的想法或感受，释放压力；

（2）在交流中调整认知，用积极心态应对压力。

2. 活动设置

（1）活动时间：25 分钟。

（2）活动道具：涟漪卡。

（3）活动场地：室内。

3. 活动过程

（1）把涟漪卡平铺在地面上，参与者围着地上的卡片慢慢走一圈，边走边看。

（2）参与者每人选取一张自己最喜欢的或者和自己目前状态最像的卡片。

（3）参与者依次作一个简单的自我介绍，给大家展示自己选取的卡片，分享选取这张卡片的原因，并将卡片背面的那句话读出来，分享读完这句话之后的感受。

（4）团体分享：

①是什么让你选取了这张卡片？

②你最喜欢这张卡片的什么？

③为什么这张卡片让你觉得和自己的目前状态比较像？

④是什么让你有力量一直坚持下来？

⑤还有其他能让自己舒服些的方法吗？

⑥可以把卡片背面的那句话分享给大家吗？

⑦读了这句话，你有什么感受？

4. 注意事项

（1）心理教官对每个发言的伙伴给予积极回应；

（2）鼓励大家表达真实的感受；

（3）适时给予积极正面引导，引用发言者自己的语言；

（4）当其他人有正面回应时及时强化。

5. 回顾总结

当人们受困于现实困境时，最能够给予大家力量的，是价值感。当把时间轴拉长，往前回顾10年，再往后展望10年，会发现国家正发生巨大的改变，这个改变，和我们一点一滴的努力是分不开的。

活动7：外星语

1. 活动目的

（1）帮助成员体会非语言表达压力；

（2）学会一种解压放松新模式。

2. 活动设置

（1）活动时间：45分钟。

（2）活动道具：无。

（3）活动场地：室内、室外均可。

3. 活动过程

（1）第一轮，先请两人为一组相互对话，每个人说出的语言都是别人听不懂的语言（动物语言或者搞怪的声音），在说话的同时添加动作和表情。

（2）第二轮，多人自由组合，进行命题吵架（内容自选），要求同上。

（3）团体分享：

①每个人分别描述一下第一轮和第二轮给你带来的感受：心情如何，有什么想法，还想怎样做？

②这个活动给你带来什么启示？

4. 注意事项

（1）教官要注意控制好节奏，尤其是在第二轮多人吵架模式时。

（2）教官也可根据团体氛围，将吵架模式变成其他模式。

5. 回顾总结

压力是双向的，在带给自己的同时，也影响到了他人。面部表情及肢体语言等非语言表达在沟通过程中起了重要作用，因此在与他人沟通时要注意自己的非语言表达。可以尝试通过积极的非语言表达来拉近双方距离，缓和气氛等。

特定场合，运用非语言表达方式，可以通过有创意的身体动作来释放压力和宣泄情绪。教官注意抓住典型表现，适时植入表达技巧。

第五节　压力管理团体心理辅导的工作方案

心理教官队伍通过多年的工作实践，形成了一系列可供参考的工作方案。

方案1：放飞自我，轻松面对

1. 团体目标

（1）学习放松，缓解压力；

（2）扩展应对压力技能。

2. 团体性质：结构式教育

3. 团体时间：90~120分钟

4. 场地情况：室内，70平方米左右，每人一把椅子，U形摆放

5. 团体成员特征分析

全面了解团体成员特征对实现团体目标具有重要意义，任何团体辅导前都要做好团体成员特征的分析，具体内容包括人员信息、岗位性质、身心状态三个方面。

6. 方案设计（见表5-2）

表5-2

阶段	时间	活动名称	目标	所需材料与道具
开场	10分钟	介绍教官及团队	初步了解团体心理辅导性质及心理服务中心设置	开场介绍附后

续表

阶段	时间	活动名称	目标	所需材料与道具
暖场	10分钟	果园、菜园、动物园	建立团队，活跃气氛，引入主题	无
过渡	10分钟	撕纸	初步了解因指令与目标的不确定性，而引发的压力体验	A4纸
工作阶段	40分钟	外星语	①帮助成员体会非语言表达带来的压力。②学会一种解压放松新模式	无
	10分钟	呼吸放松	学习放松，缓解压力	轻松舒缓的音乐
结束	10分钟	总结回顾	分享感受与感谢	无

7. 实施过程（见表5-3）

表5-3

活动	具体操作	分享讨论	备注（注意事项）
果园、菜园、动物园	全员围成一圈，伸出双手，伴随着嘴里发出"果园、菜园、动物园"的声音，有节奏地在双掌和双腿之间交替击打。由第一个人开始说出任意水果、蔬菜、动物的名称，后面的一个人接着说，发起人说的是什么种类，接着说的人要说出同种类的名称，不得重复，直到有人接不上来或重复，此轮结束，该人自我介绍，再由他作为发起人，继续此活动	这个活动通过每次的中断，初步体验压力带来的影响，并在不断探索中破解压力，拉近人与人之间的距离，使人很快放松下来，并迅速融入团队	①助教做示范；②适应性练习后再开始；③注意节奏，适应后应该越来越快

第五章 压力管理团体心理辅导工作

续表

活动	具体操作	分享讨论	备注（注意事项）
撕纸	①每人一张A4纸，闭上双眼，放松心情，听教官指令；②教官发布指令：请将纸张对折，再对折，然后撕掉一个角。按照教官的指令，大家将手中的纸撕开；③睁开眼睛，互相看看大家撕纸成果，做比对	这个活动由于视觉受限，在目标不明确的情况下，会给成员们带来一定的压力体验，并从中认识到很小的事情都有可能成为压力的来源。在现实生活中压力无处不在，个体差异所感受到的压力也有所不同	注意观察大家的反应
外星语	①先由2人一组，每个人都要发出别人听不懂的外星语言进行对话，只可以用动作和表情；②再由多人自由组合，进行命题吵架，要求同上	这个活动帮助成员了解非语言表达带来的缓解压力体验，同时在活动进程中感受情绪变化，体会一种全新的放松方式，以缓解压力	①教官对每个发言的伙伴给予积极回应；②鼓励大家表达真实的感受；③适时给予积极正面引导，引用发言者自己的语言；④当其他人有正面回应时及时强化
呼吸放松	现在，请你以舒服的姿势坐好，微闭双眼，让你的身体放松，觉察一下自己的身体，有没有感觉僵硬或者不舒服的地方，如果哪里不舒服，就让自己的身体动一动，让身体感觉到舒适。	这个呼吸放松法对于人们在焦虑、恐惧、注意力不集中时，能尽快地稳定情绪，提升注意力	①教官要先介绍腹式呼吸的原理、作用及效果；②教官做示范；③强调每天坚持练习；④《莲花滴露法》音乐

147

续表

活动	具体操作	分享讨论	备注（注意事项）
总结回顾	全体成员手拉手围成一圈，每人用一个词、一句话、一个动作表达此次团体训练的感受	全体手拉手，共同喊出"感谢自己，感谢有你"	①给予积极回应；②成员定位在此时此刻良好感受中

方案2：化压力为动力

1. 团体目标

（1）提升认识自我、悦纳自我、调节自我的能力；

（2）增强面对挑战、接纳现实，化解矛盾与冲突的信心；

（3）加强情绪管理、缓解压力，以适应岗位要求。

2. 团体性质：结构式的，训练性，封闭式团体

3. 团体时间：90分钟

4. 场地情况：安静、宽敞的室内每人一把椅子

5. 团体成员特征分析

全面了解团体成员特征对实现团体目标具有重要意义，任何团体辅导前都要做好团体成员特征的分析，具体内容包括人员信息、岗位性质、身心状态三个方面。

6. 方案设计（见表5-4）

表5-4

阶段	时间	活动名称	目标	所需材料与道具
暖场	5分钟	团体按摩操	加强成员之间的联结	无
	5分钟	左抓右逃	建团队，活气氛，引入主题	无

续表

阶段	时间	活动名称	目标	所需材料与道具
过渡	5 分钟	桃花朵朵开	分组，选组长	无
	25 分钟	天生我才	①彼此认识，加强成员之间的联结。②自我探索，欣赏自己和他人，提高自信	每人白纸 1 张，笔 1 支
工作阶段	40 分钟	同舟共济	①让成员进一步明白面对压力时，集体合作的重要意义。②团体成员间看到彼此处理问题有所不同，可寻求支持。③不同角色定位，学习换位思考。④合理化建议，改变环境。⑤接纳现实、改变态度	等大报纸，每组 1 张
结束	10 分钟	总结回顾	参与活动的收获	

7. 实施过程（见表 5-5）

表 5-5

活动	具体操作	分享讨论	备注（注意事项）
左抓右逃	①成员围成一圈，左手心向下，右手食指顶住左边伙伴手心，当听到故事中"乌龟"和"乌鸦"的时候，每个人要快速抓住左边人的食指，同时自己右手食指迅速逃离。②教官讲述"乌鸦与乌龟"的故事	①抓得多，逃得多，为什么？②结合警察职业特点，讨论抓意味着什么？逃意味着什么？③一心二用并不容易，希望大家在完成工作任务的同时，一定要兼顾自身安全	①助教做示范；②适应性练习后让大家活动一下手臂，否则容易累；③故事讲得要抑扬顿挫且快，时间太长容易走神

续表

活动	具体操作	分享讨论	备注（注意事项）
桃花朵朵开	①根据人数开花分组。②逐一介绍自己的姓名、单位、爱好。③选出组长	分享未及时进组的感受和被接纳的体会	教官可以建议小组邀请落单者入组
天生我才	填表内容：我最擅长的、我最欣赏自己对工作的态度、别人最喜欢我的、我最喜欢做的事情、我最让家人满意的、我人生最满意的一次挑战、最让我高兴的一次别人的评价等内容	①聚焦每个人的优点、长处和成功体验，对关键问题、消极视角等不足之处进行调整。②感受自我价值，感受自豪、满意等体验，获得积极情绪。③看到人与人之间的差异与联结	①大家在小组内分享自己填写的表格；②请每组推荐一个人在大组分享自己填写的表格内容；③人少时，直接大组分享
同舟共济	①每一组的圈内放上一张报纸，要求每组的所有成员同时站在报纸上，尤其是成员的任何一只脚都不能留在报纸外的地面。②在行动之前每一小组可以充分讨论，拿出最佳方案；再请各小组派人将报纸对折，比较各小组用时。③如此下去，不断将报纸对折，让各小组的成员想方设法使所有成员同时站在报纸上。④每个组有20分钟时间来完成上述任务，至少完成两级难度任务，即报纸对折的大小尺寸	①每小组执行任务过程有哪些有效策略？②在活动过程中，是否有人产生挫败感，或者其他不良情绪？大家是怎么降低这种不良情绪的？③在活动过程中，组长做了什么？大家对组长的行为有什么看法？组长听了大家的意见有什么感受？④在活动过程中，大家在任务压力大的情况下是如何争取资源的？⑤如果有任务没有完成的组，也要讨论上述问题。同时，未完成组要讨论没有完成任务的原因，大家取得了哪些成果？	①提醒成员在完成任务时的规则要求；②注意成员过于被动或组长过于主导的现象，用于活动讨论；③助教计时，并统一提示剩余时间

续表

活动	具体操作	分享讨论	备注（注意事项）
总结回顾	每人用一句话总结今天团体心理辅导的收获或感受		①给予积极回应；②成员定位在此时此刻良好感受中

方案3：安心团体心理辅导

1. 团体目标

（1）健康教育；

（2）稳定情绪；

（3）挖掘资源。

2. 团体性质：单次结构式

3. 团体时间：60~90分钟

4. 场地情况：室内，一人一把椅子

5. 团体成员特征分析

全面了解团体成员特征对实现团体目标具有重要意义，任何团体辅导前都要做好团体成员特征的分析，具体内容包括人员信息、岗位性质、身心状态三个方面。

6. 方案设计（见表5-6）

表5-6

阶段	时间	活动名称	目标	所需材料与道具
开场	5分钟	介绍规则		无

续表

阶段	时间	活动名称	目标	所需材料与道具
暖场	5分钟	搓手	身体活动带动情绪兴奋，提高专注度，使成员对团体感兴趣	无
	5分钟	自我介绍	活跃气氛、降低防御、提高专注度	无
过渡阶段	30分钟	工作故事	澄清压力事件及压力事件所导致的想法、情感、行为	无
工作阶段	30分钟	应对策略	①挖掘资源、解决困惑。②赋能、带来希望、珍爱生命	无
	5分钟	放松技术	放松技术指导	无
结束	10分钟	成员分享	巩固团体的收获，植入心锚	音乐

7. 实施过程（见表5-7）

表5-7

活动	具体操作	分享讨论	备注（注意事项）
搓手	①双臂向前平举，掌心相对，十指交叉，用力搓双手（记1分钟频率）。②介绍运动对身心健康的意义	①觉察搓手时身体的变化。②觉察搓手时心情的变化	酌情，也可在结束阶段使用
自我介绍	用身体语言介绍自己的名字。大家重复		①助教做示范，积极带领；②如果时间紧张，简单自我介绍亦可

第五章　压力管理团体心理辅导工作

续表

活动	具体操作	分享讨论	备注（注意事项）
工作故事	说说工作以来自己工作中让你印象深刻的事件，以及这些事件给你带来的想法、感受、情绪变化和身体反应（每人2~3分钟）	①你观察到了什么？②你当时想到了什么？③你的感受是什么？心情怎样？身体的反应如何？④你的担忧是什么？⑤其他同事有这样的想法、情绪和反应吗？	①教官要把观察到的现象与成员共情，启发表达，多倾听，适当自我暴露感受；②正常化技术；③观察成员的情绪和精神状态，筛查重点人员；④允许强烈情绪表达并适当关心（听起来感到压力很大，你吃得怎样？睡得好吗？）⑤高风险个体表现
应对策略	谈谈事件中自己的应对措施	①你当时是怎么应对的？②谁还有其他方法？③有什么资源可以帮助你？④其他同事会怎样面对？⑤未来几个月的目标。⑥以后再遇到类似事件如何做？⑦由此你的想法是什么？⑧你将如何面对今后的生活？⑨还有什么困惑？⑩如何解决	①教官倾听、适当总结；②挖掘资源、给予希望；③珍爱生命、热爱生活；④指导 stop 技术；⑤蝴蝶拍；⑥着陆技术

续表

活动	具体操作	分享讨论	备注（注意事项）
放松技术	腹式呼吸的指导语；教官简要回顾团体过程		说清楚吸气鼓起腹部、呼气放松、呼吸时间比、练习时间
成员分享	每个人用一句话或一个词谈当下的感受、体会		教官对与团体目标一致的词要重复、强化；最后一个人是教官或者参与的领导，总结式发言；鼓励团队并支持；肯定不良气氛的真实性；对筛检对象的个别建议

方案 4：轻装上阵，并肩同行

1. 团体目标

（1）增加彼此之间的了解和信任，相互支持，增强凝聚力；

（2）有机会表达内心的烦恼，在交流中调整认知，缓解压力。

2. 团体性质：心理教育团体，单次结构式

3. 团体时间：60 分钟

4. 场地情况：利用宿舍作为团体心理辅导场所，围坐一圈

5. 团体成员特征分析

全面了解团体成员特征对实现团体目标具有重要意义，任何团体辅导前都要做好团体成员特征的分析，具体内容包括人员信

息、岗位性质、身心状态三个方面。

6. 方案设计（见表 5-8）

表 5-8

阶段	时间	活动名称	目标	所需材料与道具
暖场	10 分钟	左抓右逃	建立团队，活跃气氛，引入主题	无
过渡	5 分钟	团队按摩操	加强成员之间的联结，使大家相互熟悉，产生亲近感	节奏感强、欢快的音乐
工作阶段	25 分钟	涟漪卡	借助卡片表达内心的想法和感受，在交流互动中调整认知，缓解压力	涟漪卡
	25 分钟	呼吸放松	学习放松，缓解压力	轻松舒缓的音乐
结束	10 分钟	总结回顾	参与团体的收获	无

7. 实施过程（见表 5-9）

表 5-9

活动	具体操作	分享讨论	备注（注意事项）
左抓右逃	左手手掌向下，右手伸出食指放在左边伙伴的手掌下，讲述"乌鸦与乌龟"的故事	①抓得多，逃得多，为什么？②抓意味着什么？逃意味着什么？	①助教做示范；②适应性练习后让大家活动一下手臂，否则容易累；③故事讲得要抑扬顿挫且快，时间太长容易走神
团队按摩操	所有人站起来围成圆圈，集体向右转，把双手搭在前面人的肩膀上，给前面的伙伴拍一	分享伙伴给自己揉肩捶背时的感受	①助教参与到活动中；②教官要声音洪亮，用激情配合音

续表

活动	具体操作	分享讨论	备注（注意事项）
团队按摩操	拍、切一切、捶一捶、捏一捏；然后向后转，给刚才为自己服务的伙伴拍一拍、切一切、捶一捶、捏一捏。可以边按摩边走起来		乐带动大家；③不宜时间过长，如人员少圆圈小，走动时可以慢一点，避免头晕
涟漪卡	把涟漪卡平铺在地面上，大家可以围着地上的卡片慢走一圈，边走边看。选取一张自己最喜欢的或者和自己目前状态最像的卡片。大家依次做一个简单的自我介绍，展示自己选取的卡片，分享选取这张卡片的原因，并将卡片背面的那句话读出来，分享读完这句话之后的感受	①是什么让你选取了这张卡片？②你最喜欢这张卡片的什么？③为什么这张卡片让你觉得和自己目前的状态比较像？④是什么让你有力量一直坚持下来？⑤还有其他能让自己舒服些的方法吗？⑥可以把卡片背面的那句话分享给大家吗？⑦读了这句话，你有什么感受	①教官对每个发言的伙伴给予积极回应；②鼓励大家表达真实的感受；③适时给予积极正面引导，引用发言者自己的语言；④当其他人有正面回应时及时强化
呼吸放松	找到一个相对舒服的姿势坐好。将右手轻放于胸部，左手轻放于腹部。先随着呼气将腹部收紧，缓缓呼气。再缓缓吸气，随着吸气腹部放松凸起		①教官要先介绍腹式呼吸的原理、作用及效果；②教官做示范；③强调每天坚持练习
总结回顾	用一句话总结今天团体心理辅导的收获或感受		①给予积极回应；②大家定位在此时此刻良好感受中

方案5：消除疲劳，高效睡眠

1. 团体目标

（1）了解失眠问题的基本知识；

（2）养成适合自己的睡眠卫生习惯；

（3）指导放松训练。

2. 团体性质：结构式的，训练性，封闭式团体

3. 团体时间：80分钟

4. 场地情况：安静的室内场地，一人一把椅子。

5. 团体成员特征分析

全面了解团体成员特征对实现团体目标具有重要意义，任何团体辅导前都要做好团体成员特征的分析，具体内容包括人员信息、岗位性质、身心状态三个方面。

6. 方案设计（见表5-10）

表5-10

阶段	时间	活动名称	目标	所需材料与道具
暖场	10分钟	你做我学	①放松、减轻焦虑、活跃气氛； ②彼此熟悉	无
过渡	5分钟	生日圈	通过活动随机调整成员的座位，以此达到减轻陌生感的效果	生日祝福音乐
工作阶段	30分钟	放松示范	通过呼吸放松等方法将注意力集中在当下的内部感受（把心、意完全专注于	电脑、大屏幕

续表

阶段	时间	活动名称	目标	所需材料与道具
工作阶段			原始动因之中），是一种不带评价的被动心理过程，使睡眠障碍（失眠、早醒）得到缓解，有助于消除情绪困扰	
	25分钟	放松训练	通过精神放松，缓解失眠	轻松舒缓的音乐
结束	10分钟	总结回顾	参与团体心理辅导的收获	

7. 实施过程（见表5-11）

表5-11

活动	具体操作	分享讨论	备注（注意事项）
你做我学	①全体成员围成一个圈，面对圆心，教官也要在队伍中。②教官先带头做一个动作，要求成员不评价、不思考，模仿做3遍。③然后每个人依次做自己想出来的动作，大家一起模仿	①自己做了什么动作？含义是什么？②模仿了什么动作？哪个动作印象最深刻？③有什么思考和联想	①教官做示范；②适应性练习后让大家活动一下身体，否则容易累；③如有身体不适者可以自行退出，在场外做观察者
生日圈	①教官让所有人站成一排，按照教官的要求，在不说话的前提下，按照彼此的出生年月日的大小顺序站成一排。②如有条件，可以限制活动空间为仅有一排的宽度，让成员间两两互换达到排序目的，增加活动难度	①在非语言环境下的感受。②在平时的生活和工作中，是否有此类情况发生？当时是什么心态？③感受彼此之间的距离	①助教参与到活动中；②教官要声音洪亮，用生日祝福音乐带动大家；③注意安全，要求成员的衣着应便于活动

续表

活动	具体操作	分享讨论	备注（注意事项）
放松示范		①谈谈此前对睡眠的理解。 ②回顾练习中的感受，遇到的问题，如何应用呼吸放松解决失眠问题等。 ③成员介绍自己的睡眠情况，是什么让你有力量一直坚持下来？ ④还有其他能让自己舒服些的方法吗？ ⑤对以后课程的期望	①教官做示范及教官的自我暴露非常重要（感受）； ②教官对每个发言的伙伴给予积极回应； ③鼓励大家表达真实的感受； ④适时给予积极正面引导，引用发言者自己的语言； ⑤当其他人有建议时应及时强化
放松训练	①渐进肌肉放松法：其一，一般是让成员们采用坐位或仰卧位，可以睁开或闭上眼睛。其二，从脚开始（也可以从头部开始），让脚趾的肌肉群紧张起来，保持 5~10 秒钟。其三，让肌肉群放松下来，体会由紧张到放松的变化。并保持放松 30 秒钟。其四，从上（如果从头开始，往下）到下一个肌肉群，重复 2 次至 3 次，直到整个身体的肌肉出现放松反应。 ②腹式呼吸放松法：其一，一般是让成员采用坐位或仰卧位，可以睁	①通过练习悟到了什么？ ②对此还有什么问题及期待？ ③身边有无睡眠障碍者，他们的应对法是什么	①教官要先介绍放松练习的原理、作用及效果； ②教官做示范； ③强调要坚持练习； ④练习促眠的作用

续表

活动	具体操作	分享讨论	备注（注意事项）
放松训练	开或闭上眼睛。其二，让成员进行深吸气，吸气时注意将腹部鼓起来。其三，让成员慢呼气，呼气时注意将腹部收回来		
总结回顾	用一句话总结今天团体心理辅导的收获或感受	教官总结，致谢，结束团体心理辅导	①给予积极回应；②成员定位在此时此刻良好感受中

第六章
自信提升团体心理辅导工作

第一节 职业效能感的影响因素

职业效能感是个体对自身从事特定职业能力的信念,是个体在职业活动中受自身和外界因素影响,通过对自身从业能力进行多次评估,在过程中逐渐形成和发展起来的。研究表明,职业效能感的形成受到多种因素的影响。

一、职业中的成败经验

个体的职业经历对于获得职业效能感具有十分重要的价值。一般来说,成功的经验能够提升个人的职业效能感,增强对自身能力的信心；反复的失败则会降低职业效能感，减弱对自身能力的信心。

二、替代性经验

当个体看到与自己相近的人获得工作上的成功时，也能促进个体职业效能感的提升，并同时增强个体实现同样目标的自信心；反之，当个体看到与自己相近的人失败，尤其是付出很大努力却依然失败时，则会降低职业效能感，进而削弱对自身能力的信心。

三、他人的评价和态度

除观察或体验工作中的成败经历外，个体还可以从他人的评价和态度中获取有关自身能力高低的信息。"镜中自我理论"认为，个体自我评价的过程就是接纳、内化他人评价的过程。因此，他人正面肯定的评价有利于职业效能感的提升；而反面否定的评价则会降低职业效能感。

四、个体的情绪状态

有研究表明，情绪对个体职业效能感存在重要的影响。个体在心情愉悦、轻松的情绪状态中更相信自己能够顺利完成任务，其工作效率会相应提高，也更容易接受挑战；反之，焦虑、抑郁等情绪状态则会降低个体的职业效能感。

第二节 自信提升团体心理辅导的工作要点

良好的职业效能感对民警的职业行为具有促进作用,而在职业行为中获取的成功又会进一步促进职业效能感的提升。如果职业效能感出现不切实际的虚高状态,则会导致为自己设置过高的工作目标,使其在工作中遭遇过多挫折,对自身价值和能力产生否定。因此,职业效能感需要建立在客观现实的基础上才能保持稳定的自我评价和工作状态。

心理教官在开展自信提升团体心理辅导时,应将工作目标定位为引导团体成员客观评价自身的优势与劣势,并以积极的态度接纳自我。

心理教官在设计或开展自信提升的团体心理辅导时,可在团体心理辅导过程中从职业效能感的各类影响因素入手,减少工作和生活中的不利因素对职业效能感的消极影响。

一、回顾成功经验,提升职业价值感和成就感

心理教官可通过团体心理辅导,带领团体成员回顾其工作中的成功经历和高光时刻,通过对自身经历的反思,引导其看待自身职业生涯的角度由"问题视角"转变为"优势视角",将被忽略、被遗忘的成功经验重新整合到自我评价系统之中,提升职业价值感和成就感。

二、正确看待挫折，培养民警成长型思维

与固定型思维相反，成长型思维认为任何能力和技能都可以通过后天努力而得到发展。因此，具备成长型思维的人会将工作中的挫折看作能力提升的机会和过程，他们会更乐于接受挑战，并且积极提升自己的能力和技能，不会因暂时的能力不足和挫折而自卑或自责。

团体心理辅导可为团体成员创设虚拟的问题情境，将遭遇挫折时闪现的情绪和观念静止、放大，澄清其对失败的消极归因和对能力的不正确理解。通过成员之间的感受分享，引导团体成员在活动体验中感悟"能力不足是暂时的状态，可以通过学习和反思加以提升"，并将这种感悟迁移到工作、生活之中，培养成长型思维。

三、积极接纳自我，制定合理可行的发展目标

自我接纳是指个体对自身以及自身所具特征所持的一种积极的态度，不因自身优点而骄傲，也不因自身的缺点而自卑，即能够坦然接受现实中的自己。

心理教官可在团体心理辅导中通过自评与他评，帮助团体成员正视自身缺点，接纳自己的情绪状态，做到对自我的无条件接纳。并在此基础上制定现实可行的目标，进而采取有效的行动，充分发挥自己的长处，最终取得成功。

第三节 自信提升团体心理辅导的设计思路与注意事项

一、自信提升团体心理辅导的设计思路（见图6-1）

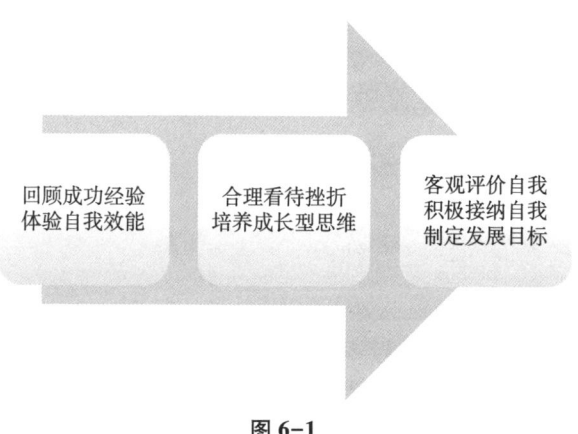

图 6-1

二、自信提升团体心理辅导的注意事项

第一，成功体验与自身优势的发掘需建立在客观现实基础上。

第二，引导看待事物的积极视角。

第三，分析挫折/失败事件时，导向收获和成长。

第四，让参与者看到未来发展的希望。

第四节 自信提升团体心理辅导的参考活动

心理教官可根据团体心理辅导目的和参与群体特点选取适当的活动。

活动1：力所不及

1. 活动目的

让成员意识到挫折的普遍性，人生总会有一些事情是无法做到的，他人与自己一样也会遭遇挫折和失败。

2. 活动设置

（1）活动时间：15分钟。

（2）活动道具：一根较长的绳子。

（3）活动场地：室内、室外均可。

3. 活动过程

（1）把绳子拉直后放在地上，让每位成员在距绳子30厘米处做好准备。

（2）让每位成员下蹲，双手分别握紧脚后跟。

（3）每位成员的任务是跳跃通过绳子，而且手脚不能分开。如果有人完成这个动作，大家鼓掌祝贺。在活动中，每位成员只能向前跳跃，不能滚动或者倒下，同时双手紧握双脚，不能放松。

（4）团体分享：

・这个动作有可能完成吗？

・在生活中，你是否也有过类似的经历？

4. 注意事项

（1）活动中注意安全，鼓励积极参与。

（2）每位成员有3次尝试的机会，成功后给予奖励，不能对失败者嘲笑、评价和指责。

5. 回顾总结

（1）任何事情都是学习的过程，都会经历错误、修正和正确的阶段，启发大家认识到成功和失败的辩证关系，关键是通过参与，获得经验和成长，为以后的成功奠定基础。每个人都是在挫折中通过学习和成长，变得更加睿智和灵活。

（2）总有一些事情会超出我们的能力之外，也不是每一次的尝试都能成功。挫折是每个人都会遇到的，我们要积极地面对挫折。

活动2：背后留言

1. 活动目的

（1）客观看待他人评价。

（2）以积极心态面对他人评价。

（3）通过他人的评价来整合和完善自我意识。

2. 活动设置

（1）活动时间：30分钟。

（2）活动道具：每人1张A4白纸、1支签字笔、1个长尾夹、若干张即时贴，背景音乐。

（3）活动场地：室内。

3. 活动过程

（1）将团体成员分为约 10 人一组，每组围圈就座。发给每个人 1 张白纸，在纸的最上面写下自己的姓名，大家相互帮助用长尾夹把纸固定到背后。

（2）大家在即时贴上写留言并贴在该成员背后的白纸上。留言内容是你对这个人的认识，包括优点、缺点以及建议，还可以写上自己最想对他说的一句欣赏或祝福的话，不留姓名。

（3）10 分钟后，活动停止，成员再次围坐在一起，取下背后的白纸，看看其他成员对自己的评价。

（4）团体分享：

·自己背后的留言。

·人们因什么而欣赏你？因什么而不欣赏你？对别人的反应你认同吗？

·哪些评价让你感到新颖、好笑而又确实符合自己？

·你有没有看到自己潜在的优势或特长，可能你从未注意，而在别人的眼中可能是那么的明显？

·这个活动还带给你哪些其他感受？

4. 注意事项

（1）在开始写之前，教官要强调态度：真诚、客观、负责。

（2）在留言过程中，成员不能说话，要用非语言形式进行交流。

5. 回顾总结

视窗理论认为，每个人都有自己的"盲点"，通过了解他人对我们的评价，能够帮助我们更客观地了解自己的优势与不足，有助于我们保持稳定的自信。

看到赞美时我们会感到自豪，听到批评时我们会感到委屈或自责，这些都是正常的情绪反应。在情绪反应过后，我们能够以此为动力扬长避短，成为更好的自己。

活动3：学会赞美

1. 活动目的

（1）发现自己的优点，提升自信。

（2）看到别人的优点，学会赞美别人，建立良好的关系。

2. 活动设置

（1）活动时间：30分钟。

（2）活动道具：板夹，A4纸若干（每人1张），笔。

（3）活动场地：室内。

3. 活动过程

（1）全体成员围成一个半圆形，在前面摆一把空的椅子，每个成员从左至右依次坐到这把椅子上。

（2）其他成员按顺序走到前面，面对面地为坐在椅子上的成员给出3个方面的赞美：

·相貌外形方面；

·个人品质方面；

·才能和技能方面。

（3）坐在椅子上被赞美的人，用纸笔记下，当所有人都给过赞美后，要说一下听到这么多赞美内心的感受，然后再回到自己的座位上。

（4）然后，其他成员依次到椅子上坐下接受赞美。

（5）团体分享：

·活动中你的感受。

·怎样才能更轻松地向对方提出我们的正向评价？

·怎样才能更坦然地接受别人对我们的赞美？

4. 注意事项

（1）提醒表达赞美的成员要真诚，要用一句话来赞美，而不是短词。

（2）注意调控现场气氛，过于沉寂或喧闹都不利于活动进行，保持适当互动，鼓励成员表达。

5. 回顾总结

评价决定自尊，人人都希望获得好的评价，都希望被赞美和肯定，只有互相的欣赏才能让彼此之间的交流更加顺畅。但是，很多人又不习惯表达或接纳赞美，主动赞美他人和自己对于很多人来说都是一个新的尝试。

赞美要建立在真实的基础上，否则会让对方觉得你虚伪，也不容易被接受。要善于抓住合适的时机，找准对方的闪光点，夸奖那些他认可自己存在的优点，或者直接帮他发掘优点，但注意一定要有依据。

要学会接纳自己，欣赏自己，悦纳别人对自己的赞美，允许自己展现出美。

活动4：从警之路闪光点

1. 活动目的

（1）感受工作带给自己的价值和积极意义，增强职业自豪感和工作价值感。

（2）认识自己的工作价值观，为职业发展方向提供参考依据。

2. 活动设置

（1）活动时间：50分钟。

（2）活动道具：A4纸若干（每人1张），笔若干（每人1支），工作价值观列表（每人1张），A4纸文件夹板（每人1个）。

（3）活动场地：室内。

3. 活动过程

（1）根据团体人数确定组数，每组5~7人，报数分组，选出组长。

（2）每人发1张A4纸，横着放，从中间对折，然后将纸夹在夹板上，用笔把对折的折线画出来。这条线就是自己参加工作的时间轴，一端是入职的年龄，另一端是现在的年龄，中间根据自己的情况可以以1年为单位，也可以以5年为单位，画好时间点。

（3）回顾自己从参加公安工作到现在，在不同的时间点上所发生的让自己感到快乐、自豪、骄傲、有价值和有意义的事件。

（4）把在各个时间点上发生的闪光事件概括地写在横线下面，要标注事件发生时自己的年龄。

（5）在折线的上方画5条间距相等的平行线，代表该事件给自己带来的积极影响的程度。距离时间轴最近的一条线表示影响程度为1分，即影响程度最小，以此类推。上面的4条平行线分别表示影响程度为2分、3分、4分、5分，即影响程度越来越大。

（6）在每个事件的影响程度上画圆点，最后把圆点连成一条线。

（7）组长组织本小组成员分享：

·在回顾过程中自己感受到了什么？

·分享一件在工作中感到最快乐、自豪的事（影响程度最大的事件）。

·各组组长代表本小组在大团体中发言。组长可以总结本组分享的情况，也可以只谈自己在小组分享过程中的感受。

·每个人从"工作价值观列表"中选出对自己最重要的 4 项，并按照重要性排序。排序情况可以不作分享，每个人只需了解自己的状态就可以了。

4. 注意事项

（1）在一个成员分享的时候，其他人要专心倾听、相互支持，不要分析、批评和提建议。

（2）如果出现某位成员不专心倾听，对他人的故事分析、批评和提建议的情况，组长要及时提醒并予以制止。

（3）每一位团体成员都要分享自己的感受和故事。

（4）心理教官注意把控分享的进程和时间，可以提前设定每个小组分享的时间上限。

5. 回顾总结

（1）建构主义心理学认为，所有的意义都是建构出来的，都反映了某种视角下的理解。在此项活动中，团体成员被引导回顾从警之路上的正性事件和积极影响。同样的过程，由于观察者的视角和观察对象的不同，会释放出不同方向的力量。我们每个人都有历史的痕迹，有许多的故事，故事中积极的资源被发现、被关注、被强化，向上的动力就会源源不断地产生。

（2）工作价值观，是指个体对工作和与工作相关的各个组织侧面所持有的价值偏好，是人对工作行为、工作方式、工作成果等进行价值判断时所依据的稳定的心理系统（见表6-1）。我们认为最快乐、最自豪、最有价值的事情往往是那些最符合我们自己价值观的事情，因此多做符合价值观的事情就可以提高我们的主观幸福感。在职业生涯规划方面，认清自己的工作价值观可以为职业发展方向提供参考依据，以使自己的工作内容及方式方法与工作价值观相契合。

（3）每个人的价值观很难做到完全相同，这是价值观的特殊性，但是对每个职业群体又要求树立共同的核心价值观。

表6-1 工作价值观列表

价值观	说明
利他主义	工作的目的和价值在于直接为大众的幸福和利益尽一份力
美感	工作的目的和价值在于能不断追求美的东西，得到美感的享受
智力刺激	工作的目的和价值在于不断进行智力的操作，即动脑思考学习以及探索新事物，解决新问题
成就感	工作的目的和价值在于不断创新、取得成就，不断得到领导和同事的赞扬，不断实现自己想做的事
独立性	工作的目的和价值在于能充分发挥自己的独立性和主动性，按自己的方式、步调和想法去做，不受他人干扰
社会地位	工作的目的和价值在于所从事的工作在人们心目中有较高的社会地位，使自己能够得到他人的重视与尊敬
管理	工作的目的和价值在于获得对他人或某事物的管理支配权，能指挥和调遣一定范围内的人或事物

续表

价值观	说明
经济报酬	工作的目的和价值在于获得优厚的报酬，使自己有足够的财力去获得自己想要的东西，使生活富足
社会交际	工作的目的和价值在于能和各种人交往，建立比较广泛的社会联系和关系，甚至能和知名人物相识
安全感	不管能力怎样，都希望自己可以工作安稳，不会因为奖金、工资、调动工作或领导训斥等提心吊胆、心烦意乱
舒适	希望工作状态是一种消遣、休息或享受的形式，追求比较舒适、轻松、自由、优越的工作条件和环境
人际关系	希望一起工作的多数同事和领导人品较好，在一起相处感到愉快、自然，认为这就是很有价值的事，是一种极大的满足
变异性	希望工作的内容经常变换，使工作和生活显得丰富多彩，不单调枯燥

活动5：三生有幸

1. 活动目的

（1）突破自我，增强自信。

（2）体验积极自我评价带来的积极情绪。

2. 活动设置

（1）活动时间：20分钟。

（2）活动道具：无。

（3）活动场地：室内、室外均可。

3. 活动过程

（1）每个人轮流介绍自己，其中要包括 3 个优点或爱好，最后结束语是"认识我，是你们三生有幸"。

（2）团体分享：

·说出话语后，自己的心情是什么样的？

·看到自我评价其他人时的反应心情如何？

4. 注意事项

（1）教官要注意对说不出最后结束语的人，并鼓励他们勇敢地说出来；

（2）强调尊重的态度，及时制止攻击性的反应。

5. 回顾总结

积极的自我评价可以带来积极的情绪体验，同时还可以提升个体的自信。因此，在有一定正确自我认知的情况下，可以有意识地给予自己一些积极的自我评价。

每个人都有自己的优势，都有在这个世界存在的价值，都是他人无法替代的。

活动 6：我的高光时刻

1. 活动目的

（1）强化团体成员在成长过程中的成功记忆。

（2）看到自己的努力和成就，自我欣赏、自我肯定，增强自信心。

2. 活动设置

（1）活动时间：40 分钟。

（2）活动道具：白纸、垫板、彩笔、轻音乐。

（3）活动场地：室内。

3. 活动过程

（1）伴随着轻音乐，每个人在折成 3 折的白纸上画 3 幅画，内容是最让自己骄傲和自豪的事或场景。

（2）画完后，所有人轮流在小组内介绍分享自己的 3 幅画。

（3）所有人分享后，一起讨论几个问题：

· 这个练习让你对自己的认识跟以前有什么不同？

· 当看到自己的这些高光时刻，你的感受是什么？

· 当看到其他人的这些高光时刻，你的感受是什么？

（4）每组派 1 名代表在大组分享感受。

4. 注意事项

（1）绘画过程播放轻音乐。

（2）助教入组听大家的分享，把握进度。

（3）当有人因激动或者难过而流泪时，心理教官引导其他人用眼神或肢体语言给予支持。

5. 回顾总结

当有人激动落泪时，心理教官可以利用团体的"普遍性"疗效因子，引导有相似经历或者感受的人用眼神或肢体语言给予支持，使其感受到被理解和关心，避免落泪的人孤独尴尬，并追问"是什么让你坚持下来"之类的问题，转到自身的资源和力量。

心理教官可以留出足够的时间，让团体成员在讨论环节充分表达自己的想法，聚焦每个人的资源，不断反复放大每个人的优点，在高光时刻定锚。

让大家把自己画的高光时刻图带走留念，这样有利于大家更好地保留住这份美好。

活动 7：优点"轰炸"

1. 活动目的

（1）发掘优势，促进自我认同，提升自尊、自信。

（2）提高观察能力、发现他人优点的能力和人际交往技巧。

（3）体验赞赏和被赞赏的感觉，学会欣赏自己和他人。

2. 活动设置

（1）活动时间：35 分钟。

（2）活动道具：无。

（3）活动场地：室内。

3. 活动过程

（1）第一轮，小组内每个人用 1 分钟时间说出自己的优点，至少说出 3 个优点。

（2）第二轮，小组内每个人用 3 分钟时间轮流倾听别人说出自己的优点。

（3）第三轮，大组内，团体分享：

·当别人赞美你时，你的感觉如何？

·称赞别人时感觉如何？

·被称赞的成员说出哪些优点是以前知道的，哪些是未曾意识到的？

·他们所说的符合你自己吗？

·你是否加强了对自身优点和长处的认识？

·你从别人身上发现的优点对自己而言是否也具备？自己应该学习什么？

・这个活动给了你什么样的启示？对你将来有何帮助？

4. 注意事项

（1）在对他人表达优点时，要真诚，还要努力去发现别人的长处，实事求是，不能毫无根据地吹捧。

（2）在倾听他人优点时，只允许静听，不允许给予任何回应或者表示。

（3）每个小组都要接受小组成员的轮流赞美"轰炸"。

（4）在团体分享时，发言要有秩序。

5. 回顾总结

（1）每个人身上都有许多优点，我们应该客观地认识自己，积极地发掘自身优势，增强自信。

（2）善于发现他人优点，取长补短不断进步。

（3）学会欣赏他人，体会赞美他人的快乐。

第五节　自信提升团体心理辅导的工作方案

心理教官队伍通过多年的工作实践，形成了一系列可供参考的工作方案。

方案1：几度风雨，几度春秋

1. 团体目标

（1）让民警重温美好时刻，找到自我目标，拥有工作动力；

（2）实现自我平衡，保持良好情绪。

2. 团体性质：教育团体，单次结构式

3. 团体时间：90~120分钟

4. 场地情况：室内，70平方米左右，只有椅子，呈U形摆放

5. 团体成员特征分析

全面了解团体成员特征对实现团体目标具有重要意义，任何团体辅导前都要做好团体成员特征的分析，具体内容包括人员信息、岗位性质、身心状态三个方面。

6. 方案设计（见表6-2）

表6-2

阶段	时间	活动名称	目标	所需材料与道具
开场介绍	10分钟	介绍教官及团队	初步了解团体心理辅导性质及心理服务中心设置	开场介绍附后
暖场	10分钟	加法减法动动手	建立团队，活跃气氛，引入主题	无
工作阶段	20分钟	三生有幸	突破自我，增强自信	无
	45分钟	从警之路闪光点	最大限度体现自我价值	A4纸笔
结束	10分钟	总结回顾	分享感受与感谢	无

7. 实施过程（见表6-3）

表6-3

活动	具体操作	分享讨论	备注（注意事项）
手指操	①全员围成一圈，伸出双手，由主教官带领着一起做。伸出一个手指是1，伸出两个是2，依次类推到5。然后大小拇指伸出为6，7为五指拢齐，8是大拇指与食指伸开，9为食指勾起，双手击掌为10，伸出拳头是"等于号"，单伸大拇指是"加号"，单伸小拇指是"减号"。②然后从1加到10，再从10减到1	这个活动可以帮助大家活动手指，手指连接大脑，经常活动手指，还有助于锻炼大脑。这个手指操也可以回去带着孩子做，还可拉近亲子关系。做爷爷奶奶的，更可以逗着孩子玩。现在大家脸上已经充满了笑容，不像刚来时那样拘谨了。这个手指操也可以很快使人放松下来，并且迅速融入团队	①助教做示范；②适应性练习后再开始
三生有幸	每人轮流介绍自己，其中要包括3个优点或爱好，最后结束语是"认识我，是你们三生有幸"		注意观察大家的反应
从警道路	在纸上写出：①从警道路（最初是如何与警察职业结缘的）；②最自豪的一件事（可以是工作中的事，也可以是生活中的事）；③现阶段最想做的事；④退休之后的憧憬	引导民警说出自己最得意的时期、事件，帮助民警找到现阶段工作的动力和意义，找到工作目标，为以后退休生活积累资本，培养乐趣	①分组讨论，助教进组；②注意引导；③适时给予积极正面的肯定；④当其他人有正面回应时及时强化

续表

活动	具体操作	分享讨论	备注（注意事项）
总结回顾	全体成员手拉手围成圈，每人用一个词、一句话、一个动作表达此次团体训练的感受	全体手拉手，共同喊出感谢自己，感谢有你	①给予积极回应；②成员定位在此时此刻良好感受中

方案2：积极心态团体心理辅导

1. 团体目标

通过对自我的觉察，与他人的互动，看到生活中积极的方面。

2. 团体性质：教育团体，单次结构式

3. 团体时间：90分钟

4. 场地情况：一人一把椅子，没有桌子

5. 团体成员特征分析

全面了解团体成员特征对实现团体目标具有重要意义，任何团体辅导前都要做好团体成员特征的分析，具体内容包括人员信息、岗位性质、身心状态三个方面。

6. 方案设计（见表6-4）

表6-4

阶段	时间	活动名称	目标	所需材料与道具
暖场	10分钟	左抓右逃	建立团队，活跃气氛，引入主题	"乌鸦与乌龟"的故事
过渡	5分钟	团队按摩操	加强成员之间的联结，使大家相互熟悉，产生亲近感	节奏感强、欢快的音乐

续表

阶段	时间	活动名称	目标	所需材料与道具
工作阶段	25分钟	路在何方	通过不同的压力事件，看到积极的方面	眼罩，背景音乐
	25分钟	人生画卷	加强成员之间的联结	每人1张白纸，写字板，水彩笔
结束	10分钟	总结回顾	参与团体心理辅导的收获	红花卡

7. 实施过程（见表6-5）

表6-5

活动	具体操作	分享讨论	备注（注意事项）
左抓右逃	左手手掌向下，右手伸出食指放在左边伙伴的手掌下，讲述"乌鸦与乌龟"的故事	①抓得多，逃得多，为什么？②抓意味着什么？逃意味着什么	①助教做示范；②适应性练习后让大家活动一下手臂，否则容易累；③故事要讲得抑扬顿挫且快，时间太长容易走神
团队按摩操	所有人站起来围成圆圈，集体向右转，把双手搭在前面人的肩膀上，给前面的伙伴拍一拍、切一切、捶一捶、捏一捏；然后向后转，给刚才为自己服务的伙伴拍一拍、切一切、捶一捶、捏一捏。可以边按摩边走起来	①在伙伴给自己捶肩揉背时，有什么样的感受？是不是很舒服？②在平时的生活中，是否和大家也有这种亲切的感受	①助教参与到活动中；②教官要声音洪亮，用激情配合音乐带动大家；③不宜时间过长，如人员少圆圈小，走动时可以慢一点，避免头晕

续表

活动	具体操作	分享讨论	备注（注意事项）
路在何方	①所有人戴上眼罩，在教官没有发出结束指令前，所有人都不要摘下眼罩，不要有言语的交流；②第一项任务，大家自己选择方向，随意走动，全程不要停止（一般5分钟）；③第二项任务，分组（根据人数，一般分两组）；④第三项任务，跟着声音完成任务（适当制造障碍）；⑤第四项任务，回到场内，确保小组内每个伙伴都安全地坐好	①戴上眼罩后有什么感觉？②最困难的一项任务是哪一项？为什么？③你们的组长是怎么产生的？他都做了什么？④掉队或遇到困难的人重点分享过程	①教官对每个发言的伙伴给予积极回应；②鼓励大家表达真实的感受；③适时给予积极正面引导，引用发言者自己的语言；④当其他人有正面回应时及时强化
人生画卷	①每个人画一种动物、植物、矿物……来代表自己；②画板传到左手边的伙伴手中，拿到画板的人继续作画，添上你认为最需要添加的部分；③画板继续向左传，拿到的伙伴成为新的主人，继续添加	①谁愿意给大家分享一下你的画，讲讲画了什么？②哪个部分是让你最舒服的，为什么？③谁添加的这部分，你听他这么说，感觉怎样？④哪里让你觉得特别不舒服？⑤谁添了这部分，当时你是怎么想的	

续表

活动	具体操作	分享讨论	备注（注意事项）
总结回顾	每人选一张最能代表你此时此刻心情的卡片	①是什么让你选择了这张卡片？ ②最喜欢这张卡片的什么？ ③为什么这张卡片让你觉得和自己目前的状态比较像	①给予积极回应； ②成员定位在此时此刻良好感受中

方案3：不畏艰难，昂首前行

1. 团体目标

（1）增加对团队的了解和信任。

（2）能看到自己和别人身上的优点，增强自信心。

2. 团体性质：教育团体，单次结构式

3. 团体时间：90分钟

4. 场地情况：室内场地，一人一把椅子，没有桌子

5. 团体成员特征分析

全面了解团体成员特征对实现团体目标具有重要意义，任何团体辅导前都要做好团体成员特征的分析，具体内容包括人员信息、岗位性质、身心状态三个方面。

6. 方案设计（见表6-6）

表6-6

阶段	时间	活动名称	目标	所需材料与道具
暖场	10分钟	潜能无限	①有时是思想的保守局限了潜力的发挥。②有些我们认为不可能的事其实是很容易做到的	秒表
过渡	10分钟	串糖葫芦	①分组，在困难任务中，体验努力后的成功。②增加参与者之间的了解，加强联结	无
	20分钟	优点"轰炸"	学会发现和欣赏别人的优点，促进相互肯定与接纳，提升自信心	报纸
工作阶段	40分钟	我的高光时刻	通过绘画强化自己成长过程中的成功记忆，看到自己一直以来的努力和成就，自我欣赏、自我肯定，增强自信心	白纸、垫板、彩笔、轻音乐
结束	10分钟	总结回顾	参与团体心理辅导的收获	红花卡

7. 实施过程（见表6-7）

表6-7

活动	具体操作	分享讨论	备注（注意事项）
潜能无限	①下面我们进行一个小活动。我们每个人想象一下，1分钟的时间，你可以拍多少下手。不必试验，每个人报一个	①我们有时低估了自己的能力；②行动为准；③1分钟的时间其实可以做很多事	①询问大家预估数字和实际数字时，要注意观察，随机采访；②计时过程中不断

续表

活动	具体操作	分享讨论	备注（注意事项）
潜能无限	你估计的数目即可；②计时，让每人报自己实际拍的数目		给予大家鼓励
串糖葫芦	①大家在小组中按照顺时针的顺序，轮流介绍自己。介绍的内容是"家乡，爱吃什么，喜欢什么，小名"。比如，"我是来自柳州的爱吃螺蛳粉的喜欢打篮球的强子"。下一个人重复上一个人的内容后，再加上"旁边的来自……爱吃……喜欢……的某某"介绍自己。②后续每一个人都要从第一个人说起，最后一个人要把全组的人都介绍完，再介绍自己	①各组派代表展示本组"串糖葫芦"的最终版；②总结本组可以顺利完成任务的经验	①助教配合教官完成示范；②助教入组带领各组完成活动，及时强调规则，把握进度
优点大轰炸	①5~10人一组围圈坐。请一位成员坐或站在团体中央，其他人轮流说出他的优点及欣赏之处（如性格、相貌、处事等）；②被赞扬的人要对赞扬的人说"谢谢"；③每个人依次进入到团体中央	①然后被称赞的参与者说出哪些优点是自己以前觉察的，哪些是不知道的？②被人称赞时的感受如何？③称赞别人的感受如何	①启发大家用心去发现他人的长处，态度要真诚，不能毫无根据地吹捧；②被赞扬的人有时可能会因不好意思而否认自己的优点，或者打岔。助教要及时引导其只说"谢谢"
我的高光时刻	①伴随着轻音乐，每个人在折成3折的白纸上画3幅图，内容是3个	①这个练习让你对自己的认识跟以前有什么不同？	①绘画过程播放轻音乐；②助教入组听大家

续表

活动	具体操作	分享讨论	备注（注意事项）
我的高光时刻	最让自己骄傲和自豪的事或场景；②画完后，所有人轮流在小组内介绍并分享自己的 3 幅画；③所有人分享后，一起讨论几个问题；④每组派一名代表在大组分享感受	②当你看到自己的这些高光时刻，你的感受是什么？③当你看到其他人的这些高光时刻，你的感受是什么	的分享，把握进度；③当有人因激动或者难过而流泪时，引导其他人用眼神或肢体语言给予支持
总结回顾	每人挑一张最能代表此时此刻心情的红花卡，并用一句话总结一下今天团体心理辅导的收获或感受		①给予积极回应；②大家定位在此时此刻良好感受中

方案 4：挖掘自身优势，体味积极人生

1. 团体目标

（1）认识自己的性格、优势与不足，接纳自我，增强自信。

（2）澄清价值观、人生目标，增强自我方向感。

（3）提升解决问题和抉择的能力。

2. 团体性质：同质性教育团体，单次结构式

3. 团体时间：90 分钟

4. 场地情况：安静的室内，一人一把椅子

5. 团体成员特征分析

全面了解团体成员特征对实现团体目标具有重要意义，任何团体辅导前都要做好团体成员特征的分析，具体内容包括人员信息、岗位性质、身心状态三个方面。

6. 方案设计（见表6-8）

表6-8

阶段	时间	活动名称	目标	所需材料与道具
暖场	5分钟	大风吹	建立团队，活跃气氛，引入主题	无
过渡	5分钟	桃花朵朵开	建立信任，团体分组	无
	5分钟	讨论契约	拟定团体心理辅导契约，建立团体心理辅导规范	教官准备一些A4白纸，以及5张大白纸、黑色粗白板笔5支
工作阶段	25分钟	人生价值大拍卖	让成员通过拍卖价值观活动，思考自身价值，肯定自我价值，根据自己的价值观思考今后的行动计划	每人1份价值清单参考、1支笔
	20分钟	三件"最自豪"的事	促进成员自我探索和接纳，训练其自我管理的能力，引发深度的自我暴露，促进行为改变	每人1张A4白纸、1支笔
	15分钟	优点"轰炸"	帮助成员了解自己和他人，鼓励成员发现自身优点，促进成员之间的互相肯定和接纳	准备5份报纸
结束	10分钟	分享	回顾团体心理辅导经验，彼此给予反馈，评估改变程度与团体心理辅导进展状况，处理离别情绪	无

7. 实施过程（见表6-9）

表6-9

活动	具体操作	分享讨论	备注（注意事项）
大风吹	①小组成员围成一圈，每个人站定或坐定一个位置，由教官开始说"大风吹"，所有成员回应"吹什么"，教官说一部分小组成员身上有的物品或特征。比如，可以说"吹戴眼镜的人"，等等。依据实际情况而定；②教官说完后所有被"吹"到的人，即拥有这些特征的成员需要互换位置，没有被"吹"到的成员待在原地，这时教官加入，占一个位置，所以最后会有一个成员没有位置，没有占到位置的成员将会接受一份来自小组的特殊奖励，接受完奖励之后，由没有占到位置的成员担任下一轮的教官	①让被"吹出来"的成员谈感受；②分享做教官与坐在下面感受有何不同	奖励可以灵活设定，如自我介绍，5个蹲起
桃花朵朵开	大家围成一圈，向左或者向右跑起来。教官说"桃花朵朵开"，成员就问"开几朵"，教官会突然报出一个数字，比如"3"，那么成员	让接受"奖励"的成员谈没有组成"桃花"的感受	奖励可以灵活设定，如自我介绍，5个蹲起

续表

活动	具体操作	分享讨论	备注（注意事项）
桃花朵朵开	必须快速地3个人在一起，不能多也不能少。如多了或者少了，就请他们出来接受"奖励"		
讨论契约	把团体成员分成几组（每组七八个人），发给每个组1张A4纸，让组内成员"头脑风暴"，共同探讨团体规范，并在规定时间内（5分钟）尽可能完善地写出更多团体契约。之后，教官请每个组派代表宣读本组的规范，并强调守时、不可进行人身攻击等原则，鼓励团体成员对规范提出自己的建议。最后，用黑色粗白板笔把团体规范写在大白纸上。团体契约建立以后，请每位成员在写有契约的大白纸上签下自己名字	在活动过程中，大家是否有不良情绪，有没有分歧，最后怎么达成一致的	此后每次团体心理辅导时都将契约挂于活动室内，可强化成员对契约的重视
价值观大拍卖	①教官发给每位成员一张"人生价值清单"，引导成员思考："请大家自己排列每项价值在你心中的优先地位，并对每项价值进行标价"；②分组，以6~10人为宜；	①由"拍卖成交价"最高的项目开始讨论，请中标的成员分享为何要买这项；②请与这位成员一同竞标的其他成员说明他们看中此项价值的	①每组的教官要确保每个成员都能分享感受；②助理要及时观察场内成员情况；③教官要合理安排时间，围绕提升

第六章 自信提升团体心理辅导工作

续表

活动	具体操作	分享讨论	备注（注意事项）
价值观大拍卖	③由每组一名成员担当拍卖师，主持喊价拍卖，进行"价值拍卖"活动。规定好每个人拥有的总钱数，以及拍卖起拍价和最低加价，出价最高者购得该项价值观，逐一拍卖，以澄清个人的价值观；④小组内进行人物画像，讨论对自我价值感的影响；⑤请每组派一名代表将该组讨论的结果与全体成员分享	原因，并说明竞标失败后的心情；③依照上述方式，讨论"拍卖成交价"第二的项目，以此类推；④针对没有拍卖出去的项目，讨论为何不被看重	自我价值感、职业认同感进行分享和引导
三件"最自豪"的事	成员按小组坐好，每人发1张A4白纸和1支笔，小组成员在规定3分钟内，将人生中三件"最自豪"的事写在白纸上，然后在组内分别进行分享	①由分享的成员说出哪三件事最自豪？②讨论为什么这三件事最让你自豪	合理安排时间，确保成员都能进行分享
优点"轰炸"	成员按小组坐好，请一位成员坐在小组中央，接受小组其他成员的"轰炸"：小组每位成员轮流说出他的优点及所欣赏之处（如性格、相貌、待人方式等），被"轰炸"者要真诚地对赞扬他（她）的人说"谢谢"。小组所有成员依次接受优点"轰炸"	①成员在小组内讨论，被称赞时哪些优点是自己以前觉察到的，哪些是自己以前所不知道的？②被人称赞时感受如何，称赞别人时感受如何	①对成员分享给予积极回应；②要求成员必须称赞别人的优点，称赞时要具体，态度要真诚，要努力去发现别人的长处，不能毫无根据地吹捧，这样反而会伤害别人

续表

活动	具体操作	分享讨论	备注（注意事项）
结束与总结	让全体成员围坐成一个圈，教官让每位成员分享自己参加提升自我价值感团体的收获，并彼此祝福和道别		①给予积极回应；②成员定位在此时此刻良好感受中
放松训练	在舒适的房间，让参与者找一个自己感到舒适的姿势坐好。准备好舒缓优雅的歌曲。之后，轻轻念下面的指导语，让参与者自己体会和想象		成员离场时，提醒不要忘记随身携带的物品

附：

人生价值清单

工作不仅能带来物质满足，也带来了个人内在需要的满足，人通过工作上的表现来寻求人生的意义和价值。个人看重的价值影响职业的规划，如收入、时间、利他等，让我们来探索一下。

在表 6-10 中，列有 20 项与人生有关的价值项目。请排列这些价值在你心中的优先地位。1 表示最重视，20 表示最不重视，填在下表中的第一栏排序内。假设你有 100 万元可用于购买这些价值，对于表中的各人生价值项目，你愿意投资多少？也就是你愿意出价多少？请将自己预估的数额填在下表中第二栏的预算价格内。

填写时请注意：

1. 不必每项都写。

2. 如果你想对某一项出价，起价不得少于 5 万元。

3. 在拍卖时，可以变更原定的价码，如你想加价，每次加价至少 1 万元。

表 6-10

项目	排序	预算价格	购得价格	中标人
1. 有一个幸福美满的家庭				
2. 赚大钱				
3. 长寿而无大病				
4. 一生虽平淡无奇但没有任何挫折				
5. 有一些知心的朋友				
6. 从事适合自己又可发挥专长的职业				
7. 拥有一栋舒适漂亮的房子				
8. 成为一个有身价有名望的人				
9. 有充裕的金钱与休闲时间				
10. 谈一次最完美的恋爱				
11. 和喜欢的人长久相处永不分离				
12. 担任上市公司的主管				
13. 到处旅游吸收新知				
14. 成立慈善机构救助他人				
15. 享受结交朋友的乐趣				
16. 工作有挑战性而不单调				
17. 成为有名的人				

续表

项目	排序	预算价格	购得价格	中标人
18. 可以随心所欲地布置自己的环境				
19. 无拘无束的生活				
20. 担任社会声望高的职位				

方案 5：不忘初心从警路，凝心聚力保平安

1. 团体目标

（1）探索职业价值和意义，感受职业生涯中的积极情绪。

（2）增强职业自豪感，坚定理想信念，不忘从警初心。

（3）深入认识职业价值观，为职业发展方向提供参考依据。

2. 团体性质：教育团体，单次结构式

3. 团体时间：90 分钟

4. 场地情况：室内场地，一人一把椅子

5. 团体成员特征分析

全面了解团体成员特征对实现团体目标具有重要意义，任何团体辅导前都要做好团体成员特征的分析，具体内容包括人员信息、岗位性质、身心状态三个方面。

6. 方案设计（见表6-11）

表6-11

阶段	时间	活动名称	目标	所需材料与道具
暖场	5分钟	出生地、成长地的社会计量	促进成员之间的了解，开启成员与自己的联结	无
过渡	5分钟	工作岗位的社会计量	增强成员对彼此工作岗位性质的了解	无
	15分钟	工龄的社会计量	体验职业不同发展阶段的感受，促进年轻民警与年长民警之间的相互学习	无
工作阶段	50分钟	从警之路闪光点	①重新体验在从警之路上发生过的令自己感到快乐、自豪、骄傲的事件，增强工作价值感。②认识自己的工作价值观，找到提高工作满意度的方向	每个人得到1张A4纸、1支笔、1个A4纸文件夹板和1张工作价值观列表
结束	15分钟	新生活画卷	通过作画表达自己对未来生活的美好希望和祝愿	一卷6米长的画布，水彩笔5盒

7. 实施过程（见表6-12）

表6-12

活动	具体操作	分享讨论	备注（注意事项）
社会计量	出生地/成长地的社会计量：假设脚下有一张中国地图，确定东西南北和北京的位置，团体成员想象自己出生的地方/成长	①我站的地方是哪里？②介绍这个地方的一个特征	①教官确定方位，并站在北京的位置上作为示范。②每个人都要询问到。③特别关照没有老

续表

活动	具体操作	分享讨论	备注（注意事项）
	的地方在哪里，然后站到那个位置上		乡的团体成员，避免产生孤单感
	工作岗位的社会计量：要求工作岗位性质相同的团体成员站在一起	①从事相同岗位工作的成员分享自己从事该工作的时间，并分享从事这个工作的酸甜苦辣。 ②每个岗位推选一位代表向团体其他成员介绍自己的岗位特点	工作性质只要求大体类别相同即可，不过分要求细节
社会计量	工龄的社会计量： ①场地两端各放一张椅子，一张代表刚刚步入公安工作的时间起点，教官往另一张椅子方向走，边走边说：这是工作1年后的位置，5年，10年，15年……40年，更长。 ②请团体成员根据自己参加公安工作的时间找到自己相应的位置站好	①分别问一下成员的工龄。 ②采访年轻的同志： ・你参加公安工作多久了？ ・感觉怎么样？ ・你看那些工作二三十年的老同志，你向往他们吗？ ・这是一条时间的长河，你慢慢往前走，到了工作10年的时候，感觉自己会怎样？ 问一下工作10年的人感觉怎么样？遇到了什么困难？工作10年的人想对年轻人说什么？ ・到了工作二三十年的时候，你想问这些老同志什么问题？	教官注意引导成员多分享积极的体验和感受，肯定他们对理想信念的坚持

续表

活动	具体操作	分享讨论	备注（注意事项）
社会计量		③采访年长的同志： ·我想邀请您回顾一下过往的时光，您是几月几号参加公安工作的？回想一下，在入职的那一天，您的感觉怎么样？慢慢走过了10年，您遇到了什么？遇到困难时是如何应对的？是什么让您继续留在这里？是什么让您走到了20年？ ·回顾您的从警之路，您感觉怎么样	
从警之路闪光点	①根据团体人数确定组数，每组5~7人，报数分组，选出组长。 ②每人发1张A4纸，横着放，从中间对折，然后将纸夹在夹板上，用笔把对折的折线画出来。这条线就是你参加工作的时间轴，一端是你入职的年龄，另一端是你现在的年龄，中间根据自己的情况可以以1年为单位，也可以以5年为单位，画好时间点。 ③请各位回顾一下，从	组长组织本小组成员分享： ①在回顾过程中自己感受到了什么？ ②分享一件在工作中最让我感到快乐、自豪的事（影响程度最大的事）。 ③各组组长代表本小组在大团体中发言。组长可以总结本组分享的情况，也可以只谈自己在小组分享过程中的感受。 ④每人从工作价值观	①当一个成员分享时，其他人要专心倾听、相互支持，不要分析、批评和提建议。 ②如果出现不专心倾听、对他人的故事分析、批评和提建议的情况，组长要及时提醒并予以制止。 ③每一位团体成员都要分享自己的故事和感受。 ④教官注意把控

续表

活动	具体操作	分享讨论	备注（注意事项）
从警之路闪光点	自己参加公安工作到现在，在不同的时间点上所发生的让自己感到快乐、自豪、骄傲、有价值、有意义的事件。 ④把各个时间点发生的闪光事件概括地写在横线下面，要标注事件发生时自己的年龄。 ⑤在折线的上方画5条间距相等的平行线，代表该事件给自己带来的积极影响的程度。距离时间轴最近的一条线表示影响程度为1分，即影响程度最小，以此类推。上面的4条平行线依次表示影响程度为2分、3分、4分、5分，即影响程度越来越大。 ⑥在每个事件的影响程度上画圆点，最后把圆点连成一条线	列表中选出对自己最重要的4项，并按照重要性排序，排序不作分享，每个人了解自己的状态就可以了	分享的进程和时间，可以提前设定每个小组分享的时间上限
新生活画卷	①通过指导语使团体成员想象自己来到一片新大陆，准备开创美好的新生活。 ②每位成员都用画笔把自己在这片新大陆上最想做的、最想创造出来的东西画出来	①我画的是什么？ ②是什么让我把它带到了这里	①教官给予积极回应。 ②成员沉浸在此时此刻的良好感受中，把美好愿景记在心间

主要参考文献

［1］樊富珉.团体心理咨询.高等教育出版社,2005.

［2］樊富珉,何瑾.团体心理辅导.华东师范大学出版社,2010.

［3］［美］Irvin D.Yalom,［加］Molyn Leszcz.团体心理治疗——理论与实践.李敏,李鸣译.中国轻工业出版社,2010.

［4］徐西森.团体动力与团体辅导.广东世界图书出版公司,2003.

［5］［美］Brian Luke Seaward.压力管理策略:健康和幸福之道.许燕译.中国轻工业出版社,2020.

［6］傅小兰.情绪心理学.华东师范大学出版社,2016.

［7］刘翔平.当代积极心理学.中国轻工业出版社,2010.

［8］林强.警务沟通.中国人民公安大学出版社,2011.

［9］刘电芝,疏德明.团队凝聚力的影响因素及其培育措施.现代管

理科学,2008(5).
[10] 刘伟.关于公安队伍凝聚力建设的思考.公安研究,2007(7).
[11] 张金海.警察自信心的提升与保护.辽宁警察学院学报,2016(9).
[12] 严虎,陈晋东.绘画分析与心理治疗手册.中南大学出版社,2014.